「スキャネットの効率的な採点手法」の刊行にあたって

　国公立私立を問わず、大学・高等学校・中学校・小学校など教育機関が抱える課題は様々です。私ども、スキャネット株式会社は、約20年にわたり、そのような多様な課題の中でも、特に、「学校における働き方改革」推進の一助となるべく、現場教員の皆さまの業務の効率化や残業削減等の課題解決につながる商品やサービスを、ご提案・ご提供し続けています。すでに、私どもは、いままでにこうした課題を抱えている2万人のお客様の課題を解決してまいりました。本書をお読みいただくことで、スキャネットがご提案するサービスの内容が、いかに教育現場の働き方改革に貢献できる商品・サービスであるかご理解いただけるものと確信しています。

　近年、急激な社会の変化に伴い、学校教育の改善・充実が求められております。そのような状況下において、スキャネットでは、一昨年から全国の公立高等学校の教職員の皆様を対象に、定点で教育現場における働き方の実態調査を実施しています。その調査では、教育現場における働き方は、"改善の兆しは見えてきてはいるものの、まだまだほとんどの学校で未だに改善はされておらず、多くの教員がたくさんの業務を抱えているため、試験問題の作成や採点などの業務を自宅に持ち帰って続けている"という実態が明らかになっています。

　そのため本書では、そのジレンマに苦しんでおられる教育機関の教員の皆様に、スキャネット商品を実際にインストールし、商品操作ガイドを読みながら試験の採点やアンケート集計を行うことができるようにわかりやすく解説しています。学校における業務効率化・生産性向上のためのこれらのツールに直接触れ、実体験していただくことでイメージを具現化することができます。

また、単なるツールのハウツー本にならないように、同じ立場で苦しん
でおられ、現在、学校全体にスキャネット商品やサービスを導入し業務の
効率化、残業の削減を実現している学校や先生方の導入事例をご紹介して
います。これから本文を読まれる方々は、「本当に業務効率が図れるのか」、
「生徒さんの反応はどうなのか」、「その状況を見て周りの先生方の反応、
そして学校としての反応はどうか」など様々な不安をいだかれておられる
と思います。そのようなご不安は、本書記載の多くの導入事例で払拭して
いただけるでしょう。

　スキャネット商品やサービスが、学校・周辺の先生方・生徒さんに受け
入れられている様子が導入事例にある生の声により直接、皆さまに伝わり、
教育現場でのICT推進の背中を後押し、さらに加速できるようになれば
と思います。そして、本書が、皆さまの働き方改革に対する取り組みの一
助として活用していただけることを願ってやみません。

　最後に、本書執筆にあたり導入事例の取材にご協力いただきました、各
学校様に厚く御礼申し上げます。またＶＡインターナショナルの編集担当
者には、辛抱強くお付き合いいただき、また的確なアドバイスを頂戴しま
した。ここに感謝の意を表します。

2020年4月吉日

スキャネット株式会社

取締役　小池 隆善

目次	いますぐできる！　教育現場が変わる!? **スキャネットの効率的な採点手法**

Part **1**

スキャネット商品について

スキャネット製品を活用してみましょう。とっても簡単に、そして短時間でテスト採点やアンケートの集計を分析することができます。

デジタル採点

〇デジタル採点

記述式テスト採点用のソフトウェアです。記述式テストをスキャナで読み取り、自動での採点や、小テスト・定期試験から入学試験まで、全てのテストに対応できるデジタル採点システムです。「A」や「あ」、「1」などの一文字を自動で採点することができます。また、文章化された文字については、生徒が書いた状態でデータ化し、パソコン上で確認、添削することができます。

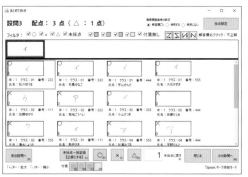

まとめて採点画面

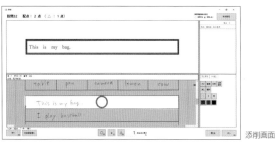

添削画面

テスト用紙　　　　　採点結果 PDF

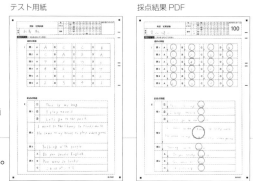

このソフトで実現できること

★専用シートに印刷して解答欄を自由に作成できる。

★1問ずつまとめて採点・添削、部分点にも可能。

★手書き文字自動認識採点、さらに未記入を自動で不正解にすることができる。

★文字の濃さが自動調整で、薄い文字をくっきりした文字に自動変換。

★合計得点の自動集計だけではなく、観点・分野別の採点結果を出力することができる。

◆専用シートに印刷して解答用紙を作成するので、解答欄は自由に作成できる

Word、Excel、一太郎などで作成した解答欄を専用シートに印刷するので、自由な解答欄で解答用紙を作成することができます。解答欄の領域はソフトウェアで設定します。

◆1問ずつまとめて採点・添削、部分点にも対応でき加点・減点幅を設定できます。

○×△方式を使って、複数名の同じ設問をまとめて採点。キーボード操作でリズミカルに採点します。ペン又はキーボードを使って添削もできます。拡大表示ができるので小さな文字も書き込めます。また、添削内容の入力も簡単にできます。部分点が必要な設問では、加点方式・減点方式で採点することができ、理由の詳細な設定も可能です。

◆手書き文字（1文字）は自動で採点し、さらに未記入を自動で不正解とします。

選択設問など解答が一文字の「カタカナ」、「アルファベット大小文字」、「数字」の場合に、手書きの解答を認識して、自動で採点を行います。

また、選択設問に限らず、解答欄に解答が「未記入」の場合に、自動で不正解と採点を行います。

◆文字の濃さ自動調整で、薄い文字をくっきりした文字にします。

筆圧が弱いなどで「解答が読みにくい」場合、濃く表示されるよう変換します。

解答欄に書かれている文字が一定以下の文字の薄さの場合に、画面上で見やすいように、くっきりとした文字に自動で変換します。

◆合計得点の自動集計はもちろん、観点・分野別の得点もすぐに集計いただけます。

合計点や設問毎の得点と正誤の解答のほか、ソフトウェアに登録した設問毎に観点と分野の得点のデータを出力することができます。また、採点済みの答案用紙は、正誤・得点・合計得点・手書き添削が表示された答案用紙として PDF ファイルにて出力することができます。

● 有料オプション機能 ●

◆レポートパック出力機能

無期限ライセンス ／ 年間ライセンス

個人成績表、得点度数分布表、問題別正答率・識別指数表など12種類の帳票が出力できます。詳細な帳票を元に試験の分析に利用することが可能です。

◆分散採点機能

複数名で設問を分散採点、同じ問題の同時採点ができます。

大規模な試験・テストも、設問範囲・答案ごとに分けて採点処理を効率化。複数の採点結果を比較・照合をすることもできます。

通常の試験・定期考査だけでなく入試で利用することも可能です（別途カスタマイズも可）。

レポートパック

分散採点機能

◆ Google Classroom 連携機能

ボタン一つで個人成績表や採点結果を Google Classroom にアップロードでき、学生にネットワークを通じて答案の返却や成績を通知することができます。

GoogleClassroom 連携

○デジタル採点

デジらく採点2 普通紙対応版 [有料]

　普通紙（コピー用紙）に印刷した解答用紙を使用して採点が出来るデジタル採点ソフトウェアです。

　「レポートパック出力」「分散採点機能」など、標準機能として利用できます。

　1）在庫管理不要。

　2）用紙の枚数制限なし。

　3）いつでも直ぐにテスト用紙が作成できます。

　ソフトの操作は、デジらく採点2と同じなので、まずは無料版で操作を試してから、「普通紙対応版」に切り替えができます。

このソフトで実現できること

★ 普通紙が使えるので用紙代を気にせず使える（用紙の管理不要）。

★ 成績表、分析結果を出力。

★ Google Classroom 自動連携。

★ 解答用紙は市販のスキャナ、複合機で読める。

★ 文字認識、自動採点（条件あり）。

●　普通紙対応版で利用できる機能　●

◆ レポートパック出力機能

　個人成績表、得点度数分布表、問題別正答率・識別指数表など12種類の帳票が出力できます。詳細な帳票を元に試験の分析に利用できます。

◆ 分散採点

　設問ごとに採点担当者を設定できるため、１つの試験を複数の先生で分けて採点できます。

　同じ設問を複数名で採点もでき、採点結果を比較・照合ができます。

◆ Google Classroom 連携機能

　ボタン一つで個人成績表や採点結果をGoogle Classroom にアップロードでき、生徒にネットワークを通じて答案返却・成績通知を行うことができます。

レポートパック

分散採点機能

GoogleClassroom 連携

アンケート

○アンケート集計

カンマくん**3** 無料

アンケートの読み取りができるシンプルなソフトウェアです。マークシートに塗られた選択肢をCSVで、またはExcelに出力します。また、読み取りデータをボタン一つでExcelやCSV出力ができるため、単純なアンケート集計やマークシートの読み取りに便利です。

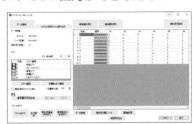

SN-0007

SN-0257

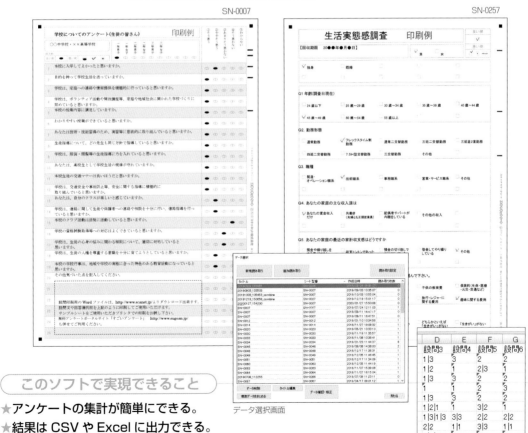

データ選択画面

このソフトで実現できること

★アンケートの集計が簡単にできる。

★結果はCSVやExcelに出力できる。

★パターン設定で出力データに希望の単語を反映させることができる。

○アンケート集計

QA-Navi 2 無料版 [無料]

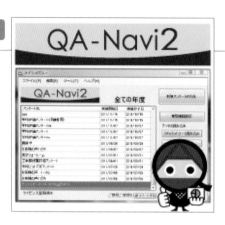

アンケート用のソフトウェアです。詳細な表やグラフの出力が可能です。アンケートの詳しい集計はもちろん、詳細な表やグラフなどの分析資料も作成できるソフトウェアで、単純集計やクロス集計に対応しています。集計結果を表やグラフとして Excel や PowerPoint に出力（モノクロ対応）します。また、設問文や選択肢を直接ソフトウェアに入力することができます。そのため、アンケートシートに印刷するための Word ファイルを簡単に出力することができます。また、設問文や選択肢が出力結果に反映され、見やすいデータを作成することが可能です。さらに、アンケートの内容で複数回答がある場合は、スキャンするだけで選択肢ごとに集計して、簡単にデータを出力できます。

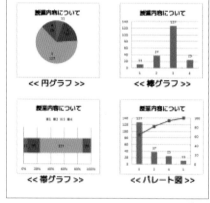

グラフ

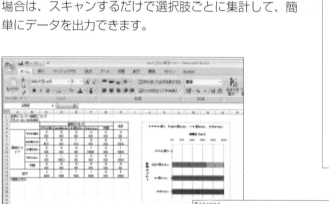

表グラフ Excel

レポート作成

クロス集計

出力データ

このソフトで実現できること

★アンケートの詳しい集計と分析ができる。
★単純集計・クロス集計に対応することができる。
★集計結果を Excel・PowerPoint に出力ができる。

○アンケート集計

QA-Navi2 [有料]

アンケート用のソフトウェアで、独立性の検定、残差分析など、アンケート分析に特化した機能がついています。無料版ではマークシートからのデータ読み取りにのみ対応していますが、有料版では Excel からのデータ入力も可能です。過去に行ったアンケートデータの生データがあれば、ソフトウェアにインポートして集計・分析データに出力することができます。また、手で記入した、時間や金額などの数値部分の画像切出し表示と入力に対応しています。例えば、回答欄に記入した時間や金額などの数値の画像をソフトウェア上に表示し、画像を見ながら入力することが可能です。また、データ集計モードも充実しており、単純集計、クロス集計に対応。さらに独立性の検定や残差分析も可能です。加えて、フィルタリング機能で選択肢グループごとの結果を出力できます。そして、QA-Navi2は、古い PC から新しい PC へデータ移行ができます。古い PC に保存されているデータを USB メモリなどに保存し、新しい PC の同じ保存先にデータを置き換えることができます。

アンケートコントロール画面

詳細な分析

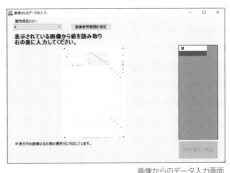
画像からのデータ入力画面

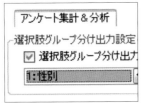
フィルタリング機能

画像からのデータ入力画面

画像からのデータ入力画面

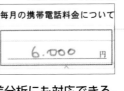
Excel で読み込み

このソフトで実現できること

★ Excel・CSV ファイルからの読み取りに対応。
★数値の自由記述入力ができる。
★単純集計、クロス集計はもちろん、独立性の検定、残差分析にも対応できる。
★フィルタリング機能付き。

○試験採点・出席管理

らく点先生2 無料

テスト採点用や出席管理用のソフトウェアです。マークシート試験の採点と集計が簡単にできるソフトウェアです。合計得点とマーク内容を Excel に出力できるので独自の分析が可能です。また、科目ごと試験ごとの出席管理データを Excel にまとめられることから、出席確認・記述確認・記述試験にも適しています。

試験別出欠表画面

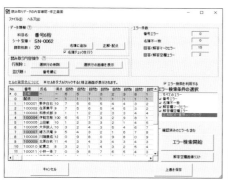

読み取りデータの内容確認・修正画面

目視で分かる！

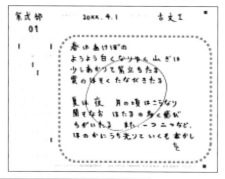

このソフトで実現できること

★テストの採点が簡単にできる。
★正解・配点は読み取るだけ。
★結果は Excel で出力できる。

○試験採点・国家試験模試

 らく点マークくん3 無料

　マーク式テスト採点用のソフトウェアです。国家試験・資格試験・社内試験など全ての試験に使用可能です。様々な特殊採点に対応し、模擬試験の採点が可能です。国家試験、資格試験対策模擬試験をはじめとするテスト、試験の採点と集計を行い、設問別正誤、正答率がわかる個人総合成績表などの成績表・帳票を出力するためのソフトウェアです。看護師・理学療法士・作業療法士・管理栄養士など、様々な試験に対応出来るように、科目や受験型などの設定を行うことができ、各種国家試験対策模試を本番さながらに実施することができます。

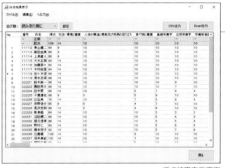
採点結果表示画面

このソフトで実現できること

★国家試験・資格試験対策模試。
★分野別の採点に対応。
★詳細な個人総合成績表や分析表を出力。

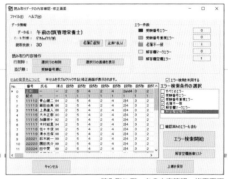
読み取りデータの内容確認・修正画面

● 有料オプション機能 ●

◆レポートパック出力機能
　無期限ライセンス ／ 年間ライセンス
　個人成績表、得点度数分布表、問題別正答率・識別指数表など12種類の帳票が出力できます。詳細な帳票を元に試験の分析に利用することが可能です。
　また、国家試験の午前・午後の成績を１つの模試として合算し、成績表に表示することができます。そして、分野を設定することで、分野ごとの得点を表示できる機能や前回の模試の得点を履歴として表示することが可能です。

らく点マークくん スタンダード 有料

　各種特殊採点に対応し、模擬試験の採点が可能です。設問別正誤や正答率が分かる「個人総合成績表」などの、成績表や分析帳票を13種類出力することができます。

このソフトで実現できること

★国家試験・資格試験対策模試。
★分野別の採点に対応。
★詳細な個人総合成績表や分析表を出力。

帳票出力画面

○センター試験対策（大学入学共通テスト対応予定）

らく点マークくん3Lite　有料

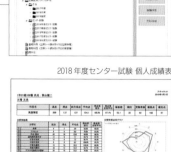

　らく点マークくん3Lite は、大学入試センター模試シートの採点と集計／帳票出力のためのソフトウェアです。個人成績表や、得点度数分布表、選択肢別の解答率表など12種類以上の帳票を出力できます。大学入試センター試験で使われるマークシートと同様のスキャネットのセンター模試シートを使い、本番さながらの模擬試験を実施することができます。

　複数科目を１回の試験（模試）として扱う「試験（模試）モード」と、一つの科目だけを採点集計する「単科テストモード」があり、模試以外のテストにも対応しています。また、個人総合成績表をはじめ、様々な分析資料を元にして指導を開始できます。帳票は簡単な操作で出力できるので、模試翌日に返却できるというスピーディさが特徴の一つです。らく点マークくん3Lite の出力帳票を進路指導に活かすために、自己採点結果（科目別得点）を記述できるマークシートもあります。

2018 年度センター試験 個人成績表

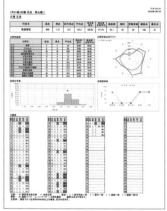

【このソフトで実現できること】

★**本番さながらのセンター模試ができる。**
★**詳細な個人総合成績表が出力できる。**
※2020年以降は、「大学入学共通テスト」対応シートを販売予定。

問題別正答率・識別指数表

らく点マークくん　Lite バージョン　有料

　センター試験対策の校内模試や演習授業に便利なソフトウェアです。個人成績表や、得点度数分布表、選択肢別の解答率表など13種類以上の帳票を出力できます。大学入試センター試験で使われるマークシートと同様のスキャネットのセンター模試シートを使い、本番さながらの模試試験を実施することができます。

　複数科目を１回の試験（模試）として扱う「試験（模試）モード」と、一つの科目だけを採点集計する「単科テストモード」があり、模試以外のテストにも対応しています。また、個人総合成績表をはじめ、様々な分析資料を元にしての指導を開始できます。帳票は簡単な操作で出力できるので、模試翌日に返却できるというスピーディさが特徴の一つです。らく点マークくん Lite の出力帳票を進路指導に活かすために、自己採点結果（科目別得点）を記述できるマークシートもあります。

【このソフトで実現できること】

★**本番さながらのセンター模試ができる。**
★**詳細な個人総合成績表が出力できる。**

用途別

○ストレスチェック

 # ストレスチェック実施ソフト

　厚生労働省の基準に基づいたストレス判定をし、「調査」から「個人診断結果」「集団分析」と更に労働基準監督署への報告書まで全て完結できるストレスチェックに適したソフトウェアです。

　スキャナでストレスチェックシートを読み取った後、厚生労働省基準での高ストレス者を自動で判定します。判定基準はソフトで変更できるので、社内の方針に沿った基準も設定することができます。

　評価方法も合計＜評価基準の例（その１）＞または素点換算＜評価基準の例（その２）＞を選択することができます。高ストレス者を選定するだけではなく、「個人診断結果」を出力することができ、出力した個人診断結果は印刷して、受検者へ返却することができます。また、全国平均などと比較することができる「集団分析」も行えるため、より正確な情報収集が可能です。

　さらに、労働基準監督署へそのまま提出できる「検査結果等報告書」を出力することができ、ストレスチェック実施ソフトを利用するだけで、自社でストレスチェック実施をはじめから終わりまで行うことができます。そして、スキャネットのストレスチェックシートはストレスチェック質問項目が印刷されているため、別途用紙を用意する必要がありません。英語や中国語、スペイン語など外国語で印字されたものや、バーコードを印字することで受検者情報を管理することができるものなど、用途や実施方法に合わせて選定することができます。

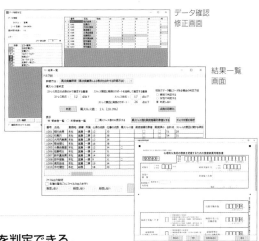

データ確認
修正画面

結果一覧
画面

検査結果等報告書

このソフトで実現できること

★厚生労働省の数値基準に基づき「高ストレス者」を判定できる。

★「個人診断結果」と「集団分析」の出力ができる。

★労働基準監督署へ提出する雛形にあった報告書を作成することができる。

★厚生労働省推奨のストレスチェック質問項目が印刷されたストレスチェックシートが利用できる。

OSCE 共用試験採点ソフト（医学部版） 有料

マークシートで OSCE の採点ができるソフトウェアです。共用機構提供の問題を専用ソフトにコピー、ペーストするだけで、評価表を簡単に準備することができます。共用試験実施評価機構提出用の Excel データが簡単に作成でき、学内判定処理用の Excel シートや学生個人別の採点結果も出力できます。

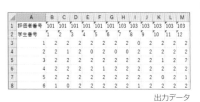

出力データ

科目一覧画面

このソフトで実現できること

★ 名簿は Excel データを直接インポートできる。
★ 採点結果は提出用のフォーマットで出力。
★ 試験当日に提出用データの作成が可能。

OSCE 共用試験採点ソフト（薬学部版） 有料

マークシートで OSCE の採点ができるソフトウェアです。センター提出用の問題を専用ソフトにコピー、ペーストするだけで、評価表を簡単に準備することができます。センター提出用の CSV が簡単に作成でき、課題ごとの採点データが出力できます。

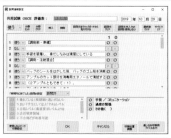

設問情報設定画面

データ確認・修正画面

このソフトで実現できること

★ 名簿は Excel データを直接インポートできる。
★ 採点結果は提出用のフォーマットで出力。
★ 試験当日に提出用データの作成が可能。

○薬剤師国家試験

 # 薬剤師国家試験採点ソフト 有料

　薬剤師の国家試験に合わせた採点ソフトウェアで、本番同様に試験を実施することができます。

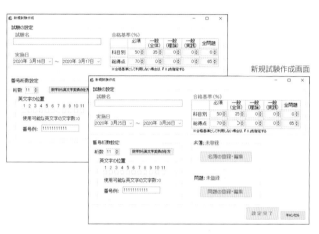

新規試験作成画面

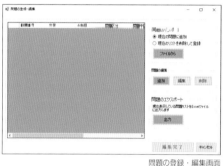

問題の登録・編集画面

【Excelファイル】
問題別正答率・識別指数表

帳票サンプル

このソフトで実現できること

★一日3試験、二日間の各試験に対応した6種類のマークシートを用意。
★問題形式や試験問題数、「合格基準」にも完全対応。基準値をオリジナルの値に変更も可能。
★充実した分析帳票を出力。分析表はカスタマイズ可能。

○授業評価

🄴 授業アンケート実施ソフト 有料

　授業アンケートの集計・結果を出力できるソフトウェアです。マークシートに、直接、質問項目を印刷して回答用紙を作成できます。また QR コード管理により、沢山の科目でも集計可能で、低コストで、運用することができます。質問項目を直接印刷できる専用マークシートがあり、質問項目はあらかじめ Excel ファイルで用意。専用ソフトにインポートして取り込むと、ソフトから直接プリントアウトを開始し、マークシートに印刷して、回答用紙の作成が完了します。回収した回答用紙をスキャンしてソフトに読み取らせるだけで、簡単に集計ができ、帳票は、色分けされて分かり易い全体集計結果をはじめ、科目別・学科別・教員別の集計結果が Excel ファイルと PDF ファイルで出力されます。実績データも出力できます。さらに、自由記述欄がある場合、画像として Word ファイルに貼り付けられ、出力することができます。

　また、《大学版》では、科目・曜日時限・学科・履修者数・教員コード・教員名・専任／非常勤・前期後期・学年を、「科目マスタ」として Excel ファイルまたは CSV ファイルで用意します。それをソフトに取り込むことで、自動的に QR コードに変換されるので、別に記入やマークが不要となり、データ管理が簡単になり、沢山の科目にも同時に集計が実現できます。

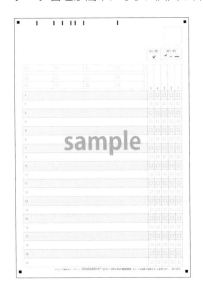

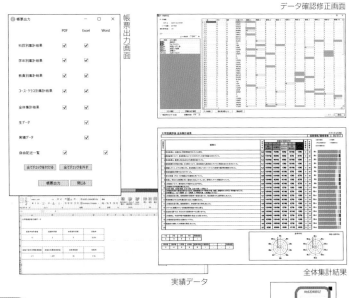

帳票出力画面

データ確認修正画面

実績データ

全体集計結果

QRコード

このソフトで実現できること

★専用マークシートに、直接、質問項目を印刷するだけで、回答用紙が作成できる。

★シートを読み取るだけで、集計と、種類豊富な帳票が出力できる。

★《大学版のみ》沢山の科目でも、QR コード管理により、データ管理が簡単にできる。

Part
1

○選挙管理

選挙管理ソフト 有料

　代表者選出選挙が行えるソフトウェアです。投票用紙の作成から選挙結果の出力まで行うことができます。候補者名を専用の投票用マークシートに直接印刷できるので、投票用紙を簡単に作成することができます。また、投票者の情報やID番号などをバーコードとして印刷することで投票用紙（マークシート）の重複を防ぐことができます。また、ソフトでは、投票者の有効投票数（候補者何名までに投票できる数）を設定する

ことができます。有効投票数を設定することで、得票数を調整することができます。また投票者に応じて1票の加重を変更し、有効票の重みをつける機能もあります（例：加重を3と設定すると、1つのマークで3票分として集計されます）。これら2つの設定情報がバーコードとして投票用マークシートに印刷されます。そして、選挙結果は、投票結果（有効票または無効票かの結果と誰に投票したかの生データ）、選挙結果2種類（投票数のグラフ、候補者名ごとの投票数の結果）をExcelファイル・CSVファイルとして出力することができます。

データ確認修正画面

選挙結果

投票結果

選挙結果

このソフトで実現できること

★候補者名を印刷した投票用紙が簡単に作成できる。
★有効投票数や、加重の設定など各種設定にも対応。
★選挙結果（表・グラフ）をExcel・CSVファイルに出力。

○出席管理

出席管理くん 【有料】

講義・授業毎の出席を集計し、出席データを管理するソフトウェアです。マークシートを使用し、出席管理を行うことができます。日々の出席がデータ化され、学部全体・個人単位の出席を確認することができます。出席を取るにはマークシートを使用し、生徒は学籍番号や名前を記入します。シートのデザインには、配布に便利な名刺サイズや簡単なアンケートや小テストを実施できるもの、一枚の用紙で複数名の出席をとれる

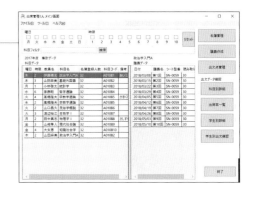

ものなど、用途に合わせた種類が沢山あります。記入したマークシートを回収し、スキャナまたは複合機で読み取ります。予めソフトウェアに登録していた学生名簿と、マークシートに記入された学籍番号で出席を確認します。学籍番号は英字が含まれる番号でも対応可能です。そして、基準出席率を設定でき、出席率が低い学生が一目でわかる機能があります。その他にも出席率が低い学生を特定し、アラートで通知させる機能があるため、離学対策として活用することができます。

名簿管理画面

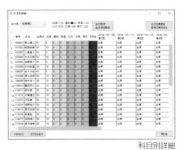

科目別詳細

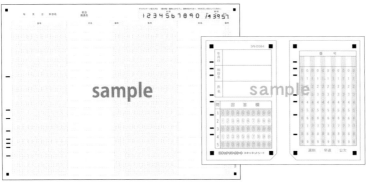

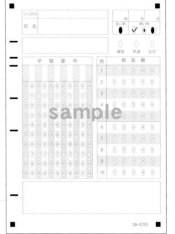

このソフトで実現できること

★出席管理用のマークカード・シートを配布するだけ。

★データ集計はスキャナ・複合機で読み取るだけ。

★出席情報の把握に特化した機能が豊富。

Part **2**

基本的な使い方の
解説

本章では、スキャネットの主要商品について、基本的な使い方を説明します。「テスト採点をしたい」、「出席管理をしたい」、「アンケートを集計したい」など、それぞれの利用シーンに合わせて商品（ソフトウェア）を選びましょう。

⓪ 必要なものを準備しましょう

まず最初に、必要なものを揃えましょう。とはいっても、普段使用しているパソコンとスキャナです。スキャナは職員室などにおいてある複合機で対応することができます。そして、生徒から回収したスキャネットシートをスキャンするだけです。

必要なもの

Windows® パソコン

スキャナまたは複合機

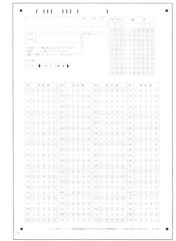

スキャネットシート

①　パソコンにソフトウェアをインストールする

　必要なものを揃えたら、使用用途に合うソフトウェアを選びます。スキャネットのオンラインストア（https://www.scanet.jp/store/）で会員登録をして、必要なソフトウェアを選択・ダウンロードし、使用するパソコンにインストールします。

●スキャネットが提供している無料のソフトウェア

ソフト名	用　途	実現すること
らく点先生2	マークシート形式のテストの採点を簡単にしたい。	マークシートをスキャンするだけで、テストの採点を簡単に行います。
	出席管理をしたい。	マークシート・カードを活用し、出席管理をパソコン上で簡単に行います。
QA-Navi2	アンケートのデータを集計したい。集計・分析結果を表とグラフで表したい。	シートを読み取るだけで集計され、表やグラフの分析結果が簡単に出力できます。
カンマくん3	アンケートのデータを集計したい。	シンプルな操作で、マークデータをCSV・Excelで出力することができます。
デジらく採点2	記述式テストを簡単に採点したい。	記述答案をパソコンで簡単に採点し、採点業務の効率を大幅にアップさせます。
らく点マークくん3	マークシート形式のテストの採点を簡単にしたい。	様々なマーク式テストに対応しており、採点や集計も簡単にできます。

② シートをスキャンする

　マークされたシートをスキャンします。カラー読み取りに対応したスキャナ、もしくは複合機でスキャンし、画像ファイルを JPEG 形式で保存します。画像ファイルを指定のフォルダ（初期設定では、ドキュメント内「ScanTmp」フォルダ）に保存または貼り付けます。

スキャネットシート正常読み取り条件

①保存形式／ JPEG
※必ず JPEG 形式に対応したスキャナ・複合機を利用してください。
　PDF 形式や TIFF 形式の読み取りには対応していないので、注意してください。

②読取モード／フルカラー
※必ずカラー対応のスキャナ・複合機を利用してください。
　モノクロの画像の読み取りは対応していないので、注意してください。

③解像度　150〜200dpi
解像度とは、画像の密度を表す数値で、一般的なスキャナ・複合機で数値を設定できるようになっています。

④保存場所／ドキュメント内「ScanTmp」フォルダ
このフォルダは、ソフトウェアをインストールすると自動で作成されます。
※ ScanTmp 内の tmpWork には画像ファイルを入れないでください。
※任意で保存場所を変更できます。

保存する画像の向き

※コーナーカット（切れ込み）が左下
　裏面は、コーナーカット（切れ込み）が右下

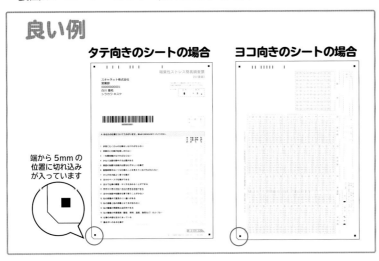

以下の場合、読み取りエラーとなる可能性があります。

・縮小してしまい、画像周囲に黒枠や実寸と異なる余白が入ってしまう場合
・シート画像の向きを自動的に回転してしまう場合
・画像が極端に斜めになってしまう場合
　※非接触型スキャナには対応していないので注意してください。
　※自動給紙装置（ADF/オートドキュメントフィーダー）があり、連続して読み取りできる機種を
　　推奨しています。
・四隅の補正点（黒い正方形マーク）が切れてスキャンされてしまっている場合
・両面シートなのに、片面（表面または裏面）しかスキャンしてなかった場合
・ソフトウェアに設定しているシート型番と、スキャンしているシート型番が違っていた場合

スキャネットの推奨のスキャナ
〈富士通 ScanSnap〉

○ ScanSnap iX1500での読み取り方法

※ Windows® のユーザーアカウントの管理者権限の有無で、設定方法が異なります。

➡管理者権限がある場合（自動連携）

ソフトウェアのメニューバーにある「ツール」から「読み取り設定」または「ScanSnap 自動連携」をクリックし、「行う」または「利用する」にチェックを入れて「OK」をクリックすれば完了です。

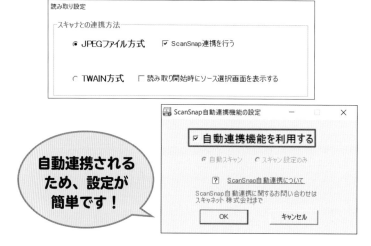

自動連携されるため、設定が簡単です！

▼自動連携の設定ができない場合は、下記に問い合わせてください。
スキャネットの連絡先：info@scanet.jp

➡管理者権限がない場合（手動設定）

手動設定を試してください。設定方法は下記より確認してください。
関連情報サイト：https://www.scanet.jp/wp/?p=4697

● Part 2 基本的な使い方の解説 ●

Part
1

Part
2

Part
3

Part
4

Part
5

○手持ちのスキャナ・複合機での読み取り方法

①スキャナ・複合機でスキャンしたら、ソフトウェアをインストールしたパソコンのドキュメント内「ScanTmp」フォルダに画像ファイルを保存するか、別の場所（複合機の場合：共有フォルダまたは USB メモリ）に保存された画像ファイルをコピーして、ドキュメント内「ScanTmp」フォルダに貼り付けます。

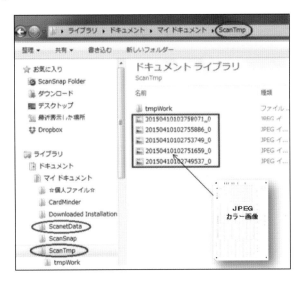

②ソフトウェアを起動して必要な設定を行い、「フォルダ監視中（読み取り中)」の画面まで進んでください。
※「監視フォルダ内に JPG ファイルが存在しています。監視フォルダ内の JPG ファイルも読み取り対象として処理を続行してもよろしいですか。」のメッセージが表示されましたら、「処理を続行」をクリックしてください。

③ソフトウェアに問題なく画像ファイルが読み込まれると、「画像処理件数」と「正常読み取り」の件数が増えていきます。

③ 採点・集計して、出力する

　マークされたシートをスキャナ・複合機でスキャンし画像ファイルをソフトウェアに読み込ませると、自動的にソフトウェアがデータ化します。つまり、ソフトウェアでテストの採点・アンケートの集計を行い、Excel や CSV ファイル、PowerPoint 等の形式でファイルを出力することができます。そのため、集計後のデータ処理や資料作成にそのまま使用することができます。

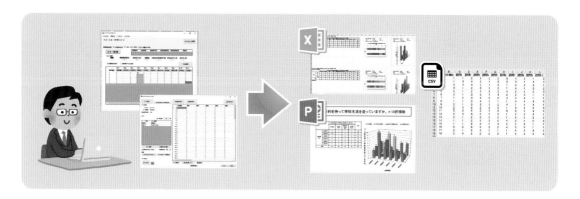

スキャネットのマークシートって
スキャナや複合機で読み取れるの？？？

● スキャネット株式会社が販売している「スキャネットシート」は、スキャナでも複合機でも読み取ることができます。

● スキャナは、紙の情報をそのままデジタルカメラで写し取ったかのように画像情報をパソコンに取り込むことができます。

● そして複合機は、複写機・プリンター・イメージスキャナ・FAX の機能が一つにまとめられている事務機器のことで、スキャネットのマークシートの読み取りは、この中の「イメージスキャナ」を利用します。

● どちらもマークシートを画像ファイル（JPEG 形式）として保存でき、スキャネットのソフトウェアがこの画像ファイルを処理するため、集計ができる仕組みです。

スキャネットシート
利用者の声

集計・採点が効率的と
「デジらく採点2」を使い始める
先生が続出、草の根的に拡大中

石川県立金沢西高等学校

高井 俊也 教諭

　石川県立金沢西高等学校は、1974年、金沢市に開校した中堅の公立高等学校です。全日制普通科として、進学指導に力を入れており、現在、生徒数1,000名を超える男女共学の進学校です。指導方針のひとつに「ICTの効果的な活用により、生徒が主体的に思考する発展的な学習を目指す」とあるように、全教室に壁掛けのプロジェクターを設置し、ほぼすべての先生方が、

PCかタブレットを利用して授業を展開するなど、ICTを効果的に活用しています。それにより、生徒が課題を的確にとらえ、思考過程にも注意をはらえるような授業を行い、発展的な学習にも取り組ませることによって、応用力の育成を図っています。

　同高等学校では10年ほど前から、すでにテストの採点や集計においても、ICTの力を活用し

ています。当時は「スキャネットのマークシート」を活用することによって、採点・集計の効率化を図っていましたが、昨今では、手書き文字の自動認識、採点、集計が可能な「デジらく採点2」でさらに、採点・集計にかかる時間の短縮を実現しています。

同高等学校でいち早くスキャネットのマークシートを採用し、校内にその効果を草の根的に広めている英語教諭の高井俊也氏に、採用の経緯から、採用理由、そして、現在の使用状況や効果、今後の期待などについてお話を伺いました。

ソフトは無料、シートの購入だけでよいのが非常に魅力的、現在は「デジらく採点2」も併用

「最初にスキャネットのマークシートを使用しようと思ったのは、個人的な興味でした」と英語担当の高井先生は、10年以上前にスキャネットのマークシートを使い始めた当時を振り返る。「その頃、個人向けのドキュメントスキャナーが流行っていました。これを試験にも使えないかと思っていた所、そんな時にスキャネットのマークシート製品を知り、個人用のスキャナで採点・集計ができることが画期的でしたので、ちょっと試してみようと使ってみたのがきっかけでした」とスキャネットとの出会いを語る。そして、採用した最大の理由として、「従来は、専用のマークシートと高価な読み取り機が必要なうえ、専用のマークシートを自分でデザインして印刷してもらわなければなりませんでした。しかしスキャネットはソフトウェアが無料で、高等学校であればスキャネット

シートだけを購入しさえすれば、あとは費用がかからないというところが非常に魅力的でした」と選択理由を挙げている。

導入当初は、高井先生個人で、英語の小テストにマークシートを使用し、「らく点マークくんセンター Lite」を利用して採点していた。しかし、スキャネットのHPで新しい製品のお試しキャンペーンを見たことがきっかけで、現在では、「デジらく採点2」も併用している。

「らく点マークくんセンター Lite」を大学入試センター試験対策として、いち早く導入

石川県立金沢西高等学校で最初に導入した「らく点マークくんセンター Lite」は、「県内の学校で多く導入されていて、利用率は高いです。高等学校三年生のセンター試験対策として、生徒をマークシートに慣れさせるために使っている学校が多いのです」と言う。

そんな中、同高等学校では、比較的早い時期から、三年生のセンター試験対策を想定したマークシートを使い始めていた。センター試験対策以外でも、英語の授業の中で、年に3回、マークシートを使い、100問ほどの大きな単語テストを実施している。

「デジらく採点2」を使い始める先生が続出、草の根的に拡大中

無料体験キャンペーンで「デジらく採点2」を試し、定期テストに使えることが分かったので、現在、「らく点マークくんセンター Lite」

と併用するようになった。高井先生自身は「私が今、最も使っているのは、『デジらく採点2』の方です」という。

そして高井先生が最初に使っていたことから、英語科内の先生に広がり、さらにそれを知った社会科の先生までもが採用するようになった。まさに草の根的に「効率的にテストの採点ができる」という理由から、別の教科での利用にまで広まっていった。今では、「英語科の教員12名のPCに、ソフトウェアがインストールされていて、いつでも使えるようになっています。英語は、年に定期テストが5回、英語の試験科目が2つあるので、合計10回のテストのうち、半分のテストでこの「デジらく採点2」を使うようになりました」と語る。

社会科においては、1年ほど前から、「デジらく採点2」を一年生と三年生の世界史と現代社会で使うようになり、8名の先生のうち半分がPCにソフトウェアをインストールしている。面白いことに、この教科でも「誰かが『デジらく採点2』を使っているところを見て、他の先生も使い始めるというパターンで利用する先生が増えています」と高井先生は語る。そして、今後も「まだ、学校全体で取り組むという大きな流れにはなっていませんが、まだまだ興味を持っている先生は多い」と続ける。

「デジらく採点2」は、教科の特徴や使い方によってメリットもさまざま

いまでは、金沢西高等学校は、英語と社会において三年生のほとんどと一年生の半分程度の試験で、「デジらく採点2」が使用されている

が、高井先生は、教科の特徴によって導入のメリットにも違いがあるという。たとえば、数学では、全部が記述となるとPCで採点しても時短効果はそれほど大きくないが、集計分析という観点では使うメリットが出る。また、英語科のように、半分は記述で半分は選択問題という場合は、利用するメリットが大きい。

採点・集計時間が3分の1に削減され、採点基準にブレが無いのが最大の効果

10年以上にわたってスキャネット製品を利用している高井先生は、最大の効果として、「採点・集計の時間が短縮」されたことを挙げている。その中でも「デジらく採点2」は答案シートを読み取るだけで解答欄の枠を自動で認識する機能や、不正解以外の解答をまとめて正解する機能など、採点前の事前設定がスムーズになる機能、採点時の操作を最小限に減らす機能が備わっており、これらの機能により、採点にかかる時間を大幅に削減できる。具体的にどの程度時間が短縮されたかについて、高井先生は、「『デジらく採点2』を使用する以前は学校で終わらない部分は、家に持ち帰って採点しなければならなかった。今では、PCを使うので学校で完結します。その日のうちに終わるため採点・集計にかかる時間が3分の1程度に短縮されました」と導入効果を実感している。

そして、「『デジらく採点2』導入後は、採点ミスができるだけ起こらないような問題作りを心がけるようになりました」とさらなる時間を短縮化するための工夫に余念がない。さらに、加点、減点の基準も事前に先生同士で話し合い

をするなど、曖昧さがでないようにしており、採点基準にブレがなくなるなどの効果もみられると言う。

「デジらく採点2」のソフトウェアは、採点者を分割できる「分散採点」の機能を持つ。同高等学校では、今まではそれを手作業でやっていたが、紙の答案は一つしかない。そのため、一部を担当した教員のところで詰まってしまう、次の箇所の採点を担当する教員が作業できず、全体の採点スケジュールに遅れが生じるという問題があった。「それを考えると、非常に効率的になったと思う」と当時を振り返る。

PC上で採点・集計が完結するため、セキュリティ面で安全性はきわめて安心

加えて、PCで採点・集計が完結することによるセキュリティ面での安全性も、見逃せないメリットであるという。スキャネットのソフトウェアならPC画面上でテスト名の入力から、生徒名、正解、配点登録が容易に実行できる。また、「らく点マークくんセンターLite」は、テスト後に答案マークシートをスキャンすれば、自動的に採点される。記述式の試験の採点も「デジらく採点2」を利用すれば、画面上で完結する。ここまでPC上で完結すると、答案を無くしたり汚したりする心配もないため、セキュリティ面できわめて安心だ。

高井先生は、デジタル化の流れについて、「例えばPCに侵入されて覗き見されるというようなリスクもあるのだとは思いますが、それは試験の答案に限った話ではありません。それ

は、学校全体のIT環境のセキュリティの問題であり、PC上で、スキャネットのソフトウェアを使用したからだということではないのです。スキャネットのソフトウェアを利用するPCと、生徒が使うPCでLANは分けているので、生徒が侵入することができないようになっています」とデジタル化に前向きである。

分散採点と、難しいという思い込みをとりのぞくことで今後さらなる普及を実現

スキャネットシートを使用することで、採点・集計の時間が大幅に削減できる、セキュリティ面で安心であるなど使用するメリットは大きく、一度使用した先生の評価は高い。しかし、スキャネットシートを全校レベルで導入するためには、まだ使用を躊躇している先生方のさらなる理解が必要な課題が2つあるという。一つは、分散採点機能を活用する点である。多くの先生が、記述の採点ができる、分散採点ができるという点を評価して使っている一方で、分散採点では、答案をきっちり切り分けて採点するのは便利だが、一人一人の生徒がどこをどのくらい理解しているのかが見えにくくなる、と感じている先生もいるという。高井先生は、「自分で問題を作った先生は、自分が作った問題をなぜ間違えたかという点が気になるもの。そこに抵抗感をもっている先生はまだいます」と現状を分析している。しかし、「採点の基準や公平性という観点からは、複数の人間が採点をするよりは、同じ人間が全て採点するほうが良いわけです。一人が採点していくなかで基準がブレることもありますが、それはその人の中で修正できます。しかし、複数の人がブレると、そ

れは収まりがつかなくなってしまう。公平性を担保するという目的からは、分散採点のやり方の方が良い」と使用をためらっている先生方に丁寧に「デジらく採点2」を使用するメリットを説明している。

二つ目は、"スキャネットシートを使用するのは難しいという思い込み"である。問題を作り、解答や条件を読み込ませるなど、一から一人で下準備するのは、骨の折れる作業と感じている先生もいる。「テストごとの初期設定をもっと簡単にできるようになれば、さらにスキャネットシートを使う人が増えると思う」というアドバイスは貴重である。

ここ10年で劇的に進歩を遂げているスキャネットのマークシート

高井先生が、金沢西高等学校でスキャネットシートを最初に使い始めてから10年以上になるが、その間、スキャネットの商品は大きく進歩したという。それは、「マークシートに加え、記述式の採点もできる『デジらく採点2』の出現が大きい」と語る。マークシートだけなら他にも色々な製品があるが、記述のものをPCの画面上で採点できるというのが、大きく他の製品とは異なる特徴だ。これがどこまで進化するのだろうと高井先生は、今後のスキャネットに期待している。例えば、AIがもっと進化して、生徒の記述の解答を自動で読み取って採点するようになれば、センター試験にかわる大学入学共通テストの記述問題が人の採点ではなく、AIの採点になり、今の議論が収束するのではないかと熱く語る。

今後は、動画のマニュアルや一つのソフトで全部処理可能なソフトにも期待

さらに、高井先生は、「初心者は、用意されているマニュアルでは、少しわかりにくい。マークシート式の場合は設定も単純ですが、記述式の場合は複雑なところがあってむずかしいし、試験と試験の間隔がそれなりにあるので、一度覚えても次に使う前に忘れてしまうということもあります。たとえば、動画のマニュアルがあればよりわかりやすい」、また、「試験の種類によって、使うソフトが変わってきますが、『デジらく採点2』、『らく点マークくんセンターLite』を別々に使うのではなく、一つのソフトで全部処理できるとシンプルで良い」と、使う人の"むずかしい"という思い込みを消し去るような工夫に期待している。しかし、「問題が発生した際の、スキャネット担当者の迅速できめ細かい対応には満足している」と語っている。

採点と集計で驚異的な時間短縮を実現、 試験にかかわる時間が3分の2に削減

国際基督教大学高等学校

松坂 文 教諭

　国際基督教大学高等学校、通称 ICU 高校は、東京都小金井市にある私立国際基督教大学（ICU）とキャンパスを共にする高校です。帰国生教育に正面から取組むこと、帰国生と国内生それぞれの長所を生かすこと、多様な生徒が共に学び理解を深める教育環境を築くことを目標として、1978年4月に開校しました。今も、生徒全体の3分の2を帰国生徒が占める同高校では、異なるバックグラウンドを持つ生徒一人ひとりを尊重し、生徒の特性を活かす教育が行

われています。

6 クラスで構成される一学年は240名程度。全校生徒数761名に対し、102名（非常勤を含む）の教員がいる充実した体制も同高校の特徴です。

2014年度より 5 ヵ年間、「多文化共生社会をめざす新しい社会貢献の提案」のテーマにより、文部科学省のスーパーグローバルハイスクール（SGH）に指定されました。これを足がかりとして、2019年からは、海外でのホームステイやスタディツアー、また、高校のネットワークを活かした多彩な講師による講演・ワークショップなど、新たなグローバルプログラムを展開しています。

ICT の活用にも積極的で、生徒の BYOD した PC やスマートフォンを活用しながら授業が行われています。

スキャネット導入のきっかけとなったのも、同高校が利用する Google Classroom でした。同高校で最初にスキャネットのシートを採用し、校内では、「普及担当」としてスキャネット製品のセミナーも実施している数学教諭の松坂文氏に、導入した理由やその効果、そして、今後スキャネットに期待することなどについてお話を伺いました。

ネット上でスキャネット商品を使い、試験の解答用紙のスキャンから採点・集計を実施

Q スキャネットを導入したきっかけは？
A 当校では、 5 年程前から Google が教育機関向けに提供している Google Classroom と

いうツールを使って、生徒とのコミュニケーションをとる機会が急増化しています。

かねてから、試験についても、生徒から試験の解答用紙を回収してスキャンし、画面上で採点した結果を、Google Classroom 経由で生徒に直接返却するようにしたいと思っていましたが、一年ほど前、「デジらく採点 2 」を新聞広告で知り、教育分野の展示会 EDIX（学校・教育総合展）にて、直接スキャネットの担当者から話を聞きことができました。

すぐにスキャネット担当者に来校して詳しい説明を受け、早速、一か月後の 1 学期の期末試験から使いました。やりたいこととぴったりと合致した「デジらく採点 2 」でしたので、即刻、検証・導入を決めました。利用開始当初は Google Classroom 連携において軽微な不具合がありましたが、スキャネットの技術者と共同して解決を図ることができました。技術者の方は、問い合わせに対して誠実にきちんと向き合い迅速に解決策を実装してくださいました。そういう点において、安心して頼りにできる技術を有する会社であるという印象を持っています。

導入後、採点と集計で驚異的な時間短縮を実現、余計な神経を使わず、採点作業に集中

Q 導入してどのような効果があらわれましたか？
A 導入して、試験の実施にかかる総時間は圧倒的に短縮された印象があります。試験の問題を作る、模範解答を作る、試験を実施する、という部分については、従来のやり方と同じですが、採点と集計という教員が非常に神経を使う

部分については、大幅に時間を短縮することができました。

　特に、集計という作業は、間違えを発見すると都度再集計になり、その結果、また無駄になる時間・作業が発生する可能性があります。しかし、「デジらく採点2」で自動集計していれば間違うことを防ぐだけでなく、余計な神経を使わず、採点作業に集中できるというのが非常に大きな成果です。

試験にかかわる時間が3分の2に削減、無駄な時間が減り効率的に作業できるメリットは大きい

Ｑ　導入して、他にもメリットはありましたか？

Ａ　これまでは採点した生徒の解答用紙に模範解答をホチキスで止めて、一人一人に返却するという特に意味のない作業に、多くの時間がかかっていました。　それに対して、「デジらく採点2」では、採点・集計して直ちに、Google Classroom で解答用紙、模範解答と試験結果の分析資料を返却ができます。もちろん、採点したものを印刷して紙で返却することもできますが、私は印刷せずに、そのまま Google Classroom 経由で生徒に返却しているので、様々な資料を印刷するコストを削減できるという面でも、さらにメリットがあります。

　「デジらく採点2」を使い始めてからは、これまでよりは事前の準備に労力をかけてはいますが、総合すると無駄な労働時間が減り、より効率的に作業できるというメリットはすごく大きいと感じています。準備から返却も含めた試

験遂行に要するトータルの時間は、3分の2くらいになっていると思います。

試行錯誤しながら効率のよい方法を模索、いまでは、より短時間で作業を完了

Ｑ　さらに効率を求めて工夫されていることはありますか？

Ａ　「デジらく採点2」で採点することを念頭に問題を作るようになってからは、問題に通し番号をつけ、解答用紙にも同じ通し番号を振り、生徒がどの答えをどこに書けば良いのか分かりやすくするなどの工夫をするようになりました。何度か使ってみて、こうすれば効率が良い、こうすれば後でもっと作業が楽にできるというのが分かってきて、今ではかなりの短時間で準備・作業できるようになっています。

生徒自身にとって、自分の結果が可視化され具体的に理解できるのが、「デジらく採点2」の効果

Ｑ　生徒さんにとって何か変化はありましたか？

Ａ　生徒にとって、各問題の正答率なども分かりますので、例えば、周りの皆が正解しているのに自分は間違っているとか、その逆であるとか、そういうことが一目瞭然です。自分に何が良くて何が悪いのか、どこが理解できていないのか、という情報が具体的に可視化されるというところも、「デジらく採点2」のメリットだと思います。ただ、分析機能で順位を出せますが、私は、生徒には順位はあえて見せないようにしています。順位に生徒の意識が向いてしま

うことは本校らしさを損なうことだと考えています。

学内で「デジらく採点2」のセミナーを開催、普及に拍車がかかり、ますます利用が拡大へ

[Q] 学内の利用状況はいかがでしょうか？

[A] 私自身は、昨年の期末試験から数学科で使い始めて、次の期末試験で4回目になります。現在、国語でも「デジらく採点2」を使った経験があります。本校では、私が「デジらく採点2」を使っているのを横から見て、興味を持った教員が複数現れ、教員向けに説明会を実施しました。このセミナーには、14、5名の教員が参加しましたが、私が用意した教員向けの説明資料を使い、実際に「デジらく採点2」のソフトで採点する様子を見せたところ、非常に反応が良く、国語、社会（地理、歴史、倫理）と保健体育の先生が利用希望を申し出ました。まだまだ、興味をもっている先生が多いので、これからどんどん利用を拡大していきたいと思っています。

また、最近は教員の世代交代が進み、テクノロジーに対する拒否感や恐怖心を持っていない先生が増えてきています。ですから、これからも科の中で誰かが使い始めて、その成果を実感すれば、周囲の教員がどんどん導入するようになると考えています。

こうしたツールが教育現場に広く普及していけば、多くの教員にとって確かな助けになると思いますし、同時に、教員も仕事のやり方をもっと考えるきっかけになると思います。試験や採点はより効率的に実施し、本来評価を丁寧

にすべき観点を評価できるように、なっていくと考えます。

今後、「デジらく採点2」普通紙対応版導入により、学年ごとにデータを蓄積し授業に活用

[Q] 今後、どのような使い方を予定していますか？

[A] 今は普通紙対応版（学校ライセンス）を利用していますので、定期試験以外の小テストなどでも、「デジらく採点2」を活用したいと考えています。そういうテストは、試験問題を回収できれば、毎年同じ試験を実施してデータを積み重ねることができます。それにより、この年はこの問題の正答率はこうだったが、その翌年はこうだったとか、そのようなデータを授業の内容に活かしたりすることができます。学年ごとのデータを蓄積することができれば、将来大きな財産になりますから、早くやりたいと思っています。

細かい設定ができ、教員ニーズにあった仕組みに感心、高速かつストレスフリーで設定を実現

[Q] 「デジらく採点2」を使っていて苦労した所はありましたか？

[A] 設定の際、スキャネットの担当者の方が来校して丁寧に教えてくれましたし、私自身もICT機器についてはある程度の理解はあるので、設定に戸惑うことはありませんでした。設定が大変というよりは、思った以上に細かい設定ができるので、教員のニーズにあった仕組みに

なっていると感心しています。仕組みが分かっていれば、非常に高速に、ストレスフリーでできます。一度、試験前日に、国語の教員が「デジらく採点2」を使ってみたいというので、一緒に色々設定して、翌日にはちゃんと試験ができたというケースもありました。

　一方で、PCの設定に詳しくない人が設定する場合、校内あるいは各教科に一人、PCに詳しい先生にちょっとしたトラブル解決の窓口としてサポートしていただくとよいと思います。学内に一人でもPCに詳しい人がいることが、普及のポイントであると思います。

メリットに多少の差はあっても、「デジらく採点2」導入によりどの教科でも時間短縮の効果は大

Ｑ　「デジらく採点2」に向いた教科、向かない教科はありますか？

Ａ　ア・イなどを選択する問題は、自動認識で採点が可能ですので、「デジらく採点2」は、特に時短効果が大きいです。このようにある程度は、自動で処理できて、本当に時間をかけなければいけない記述解答の採点に集中できるという点では、教科によって親和性が高い、低いという違いはあると思います。例えば、数学と保健体育で言えば、どちらかといえば選択問題がある保健体育の方が、親和性が高いと思います。ただ、実際には、本校のように、試験の問題数が多く、実施時間が長い学校では、どの教科でも「デジらく採点2」を使うメリットがあります。

　数学の試験では、解答に至るまでの過程も重要であり、選択問題は一問もなく、全て記述式の試験です。しかし、無駄な作業や集計ミスを減らし、またGoogle Classroomを活用するという点では、「デジらく採点2」を利用するメリットは大きいのです。特に、私は、採点以降は端末上で全てが完結できることが素晴らしいと感じています。

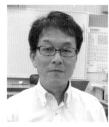

採点時間半分、試験当日に答案の返却可能、採点ミスなく、採点基準にブレがない

さいたま市立大宮北高等学校

田村 守行 教諭

　埼玉県さいたま市立大宮北高等学校は、1956年、全日制普通科・男女共学の高等学校として開校しました。全国の公立高等学校の中でトップクラスの充実した ICT 教育環境を整備し、その環境を活用した教育を目指しています。全ホームルーム教室、及びほとんどの特別教室に電子黒板を設置され、生徒は一人一台タブレッ

トが、また理系の生徒には、タブレットに加えて PC も貸与されています。令和元年度には、文部科学省「全国の学校（普通教室）における ICT 環境整備のステップ」（平成30年7月）において、全校で最も高い「ステージ4」を達成しました。

　理数系の教育に力を入れており、中堅進学校

としては珍しく、全校で1000名程度の生徒の半分以上が理系です。埼玉県内の市立高等学校では初めて、文部科学省から5年間（平成28年〜32年度）スーパーサイエンスハイスクール（SSH）に指定されており、サイエンスに関する興味関心を高めるプログラムの実施や、サイエンス分野の資質を伸ばすカリキュラムの研究開発に取り組んでいます。

　同校では、5年前に赴任してきた田村守行教諭が使い始めたことをきっかけに、スキャネットシートの活用が始まりました。田村教諭が担当する化学から英語や社会にも利用が広がり、今年度からは、「デジらく採点2」普通紙対応版を取得して更なる活用を目指しています。田村教諭に、スキャネットシートを採用した経緯や理由、現在の使用状況や効果、今後に期待することなどについてお話を伺いました。

前職でスキャネットを知り、細かい設定ができるなど便利なので当校でも採用

Q スキャネットを導入したきっかけは何ですか？

A 6年ほど前、当校に赴任する以前のことですが、私は、前職の県立高等学校でスキャネットのマークシートを進路指導部のセンター試験対策として使っていました。河合塾や駿台が、センター試験の少し前の12月くらいに予想問題を作って売っていましたので、それを買ってこちらで試験をするのです。その時にすぐに採点したかったので、試験の解答用紙をスキャネットシートに変更して、試験後に一気に採点するようにしていました。今、当校でも同じように

スキャネットのマークシートを使っています。

　マークシートを読み取るソフトは当時から色々ありましたが、スキャネットシートをDMで知り、試しに使ったところ色々と細かい設定ができて便利でしたので正式に使い始めました。例えば、選択肢から複数の解答を選ぶ問題で、順番も正しく解答する必要がある場合やそうでない場合の設定、あるいは、正解が3つあるうちの2つ正解であれば何点、1つだけあっていれば何点というような設定を比較的簡単にできるのが良かったです。

はじめはセンター試験対策でスキャネットシートを使用、今は、「デジらく採点2」で全て記述式の試験に変更

Q 今はどのように利用していますか？

A 学校全体として、センター試験対策でスキャネットマークシートを使っていますが、私の授業の試験ではマークシートだけのシートは使わず、「デジらく採点2」を使っています。選択式だとまぐれ当たりもありますので、正確な理解度を問えないと考えています。非常に難しい、あるいは誰でも分かる選択肢を作るのは簡単ですが、適度な難易度の選択肢を作るのは難しい。ですから、曖昧な知識では解答できない記述式の方が生徒の学力を評価するのには適切だと思っています。

　中間試験と期末試験の間にやる小テストだけは、採点を手早くするために記述問題ではなくマークシートで採点したこともありましたが、「デジらく採点2」を使うようになってからは、小テストも含めて全て記述式の試験に変えました。

「デジらく採点2」は、先生から先生へとその便利さが伝わり、使用する先生が拡大中

Q 学内での利用状況はどうでしょうか？

A 当校で最初にスキャネットシートを使ったのは私ですが、私が試験を採点しているところを見て、少しずつ他の先生や他の教科に広がってきました。当校に移ってきてまもなく、記述式試験の採点にも使える新製品「デジらく採点2」を使い始めました。今では、英語や生物、化学、社会の一部で利用しています。記述式試験の採点については、スキャネットの「デジらく採点2」しか対応できないので、先生方は、皆さんスキャネットシートを使っています。

採点時間は半分、試験当日に答案の返却が可能、採点ミスがなく、その分時間の節約を実現

Q 導入による効果はどうでしょうか？

A 「デジらく採点2」を使い始めてから、採点時間は半分くらいになりました。従来は、採点が終わっても、答案の返却は次の自分の授業まで待たなくてはなりませんでしたが、試験当日に生徒に答案を返却できるのもメリットです。「デジらく採点2」はGoogle Classroomと連携しているので、Google Classroomを介して生徒のiPadに流せばそれで返却が完了します。採点だけではなく、自動で集計するので採点ミスがないため、生徒に答案を返却してそこで採点ミスがあったらまた直して、集計しなおして、という手間が無くなりその部分だけ時間の節約になっています。そのうえ、こちらに確実に原本が残るのもメリットです。「デジらく採点2」が出る前は、家で採点することもありましたが、使い始めてからは持ち帰って試験を採点することはなくなりました。

生徒は、タブレットで簡単に試験の振り返りが可能、採点基準にブレがないのもメリット

Q そのほかのメリットはいかがでしょうか？

A 試験の振り返りのために、生徒に間違った個所をタブレットで改めて提出させることができます。紙を介さないので、学習内容や自分の理解度をタブレットでより手軽に振り返ることができるようになりました。生徒も平均が何点で自分が何点であるとか、分布の中で自分の位置がどうだとか、自分が間違えた問題の正答率が全体で80%なのか50%なのかなど、より詳細に自分の状態が分かりますので、自分の勉強に活かせます。

また、採点している途中で、採点基準がブレることが無いのもメリットです。採点をしていると一度これは×と決めたものをやはり△にしようというようなことがありますが、手作業だともう一度見直すのが非常に大変です。様子を見ながら採点するのは昔も今も同じなわけですが、それが楽になりましたし、配点を変更するのも簡単になりました

全校での大量使用ため、「デジらく採点2」普通紙対応版を導入して時間と経費削減

Q 「デジらく採点2」普通紙対応版（学校ライセンス）を導入したきっかけは何ですか？

Ⓐ 当校では、スキャネットシートを使いたいという先生が増えてきていることから、先生ごとにスキャネットシートを購入せず、学校全体で「デジらく採点2」普通紙対応版（学校ライセンス）を導入することになりました。普通紙にマークシートを印刷して、それが読み取れるようになるので、大量に使う場合は圧倒的に時間もコストも削減できます。普通紙に印刷するだけですから、大量使用の定期考査に限らず、小テストにも、また、学校の説明会や SSH などでの様々なアンケート調査にも活用できます。これを導入したことにより、年2回の教員の授業評価にも活用していこうと考えている管理職もいます。

困ったときは、すぐに対応、頻繁な修正にも即刻改善で信頼性の高いスキャネット

Ⓠ スキャネットシートやソフトを使っていて困ったことはありますか？

Ⓐ シートについては特に困ったことはありません。何か問題があって連絡すると、すぐに直してくれるのがスキャネットの良いところです。例えば、文字が薄いと読み取れないということを伝えると、すぐに文字を濃くする機能をつけてくれました。濃くなった結果、今度は読み取りにすごく時間がかかるようになってしまったら、すぐに次のバージョンで改善してくれました。そういう修正や改善を頻繁にしてくれるので、会社としての信頼度が高いのです。

次に欲しいのは、必要な個所だけまとめて読める付箋機能

Ⓠ スキャネットへの要望はありますか？

Ⓐ 今、アンケート集約機能をリクエストしています。記述のアンケートというのは、大量にあると、スキャンして PDF にはしますが、全部をきちんと読むのは難しいのです。気になる個所にだけ付箋を貼って、そこだけ抜き出して PDF にするようなことができると良いと思います。1000ページの PDF なんて中々読めませんが、例えばそれを一人30ページずつ読んで、付箋を付けて、付箋を付けた個所だけ全員で共有するくらいなら皆でできますので、アンケート結果をもっと有効に活用できると思うのです。

　学校にはデータが大量にあります。当校では、iPad を使って生徒にいろいろ入力させているので、そういうデータが山のようにありますが、それを全部きちんと読むというのは不可能です。テキスト解析ソフトを使うこともありますが、前後の文脈もあり、やはり人間が読む必要があるので、それをもっと便利に効率的にするための付箋機能があればとよいと思います。

「働き方改革」の一環として使い続け、4分の3の時間短縮を実現

埼玉大学教育学部附属中学校
島田 直也 教諭

　1947年（昭和22年）、埼玉大学教育学部附属中学校は、埼玉師範学校の附属学校として、さいたま市（旧浦和市）に開校しました。1951年（昭和26年）、新学制に伴い埼玉大学教育学部附属中学校と校名を変更し、埼玉県、さいたま市と連携して一般の公立中学校と同様に、義務教育としての中学教育を行っています。また、毎年、埼玉大学の教育学部の学生を120名ほど受け入れ、大学で専門とする教科を実際の中学校

現場で教えられるように、教員育成のための教育実習の指導を使命としています。

　さらに、1学年15名の定員で帰国生徒を受け入れ、通常の学級で他の生徒と一緒の教育を行っています。生徒数は各学年4クラスで、帰国生徒の受け入れも含めて約470名おり、附属の小学校から約100名進級し、残り約50名が中学受検をして入学してきます。同中学校では、

それぞれの教科の先生が工夫を凝らした授業を展開していることが、大きな特徴です。

埼玉大学教育学部附属中学校では、校内ネットワークが構築されており、パソコン室が設置されています。共用の iPad を60台ほど保有しており、調べ学習や動画を撮影し授業をする際にそれを活用するなど、ICT の導入が進んでいます。

同中学校では、10年ほど前からスキャネットシートを採用し、学校評価や文化祭評価などのアンケートの集計に役立てています。理科を教えて13年、そして、長年にわたりスキャネットシートを利用している島田直也教諭に、同中学校におけるスキャネット製品の導入の経緯、導入理由、導入前の課題と導入後の成果、現在使用して感じている課題、今後の期待などについて語っていただきました。

10数年前から学校評価アンケートや文化祭の評価表に導入、そして、全校に拡大

埼玉大学教育学部附属中学校では、10数年前からスキャネットのマークシートを学校評価アンケートに活用しはじめた。保護者にアンケート用紙としてスキャネットシートを配布し、パソコンで結果を集計している。マークだけでは聞けない質問を除いて、回答はすべてスキャネットシートを活用しているという。「アンケート集計にかかる時間を短縮することができるうえ、スキャンし読み取るだけでパソコン上に簡単に表にすることができるので、とても便利」とスキャネットシートを使い続けている。

さらに、同中学校では「何年も前からスキャネットシートを使っています。文化祭や合唱コンクールなどの催し物で子供に評価してもらうことがあり、その評価表としてスキャネットのマークシートを使います。一人ひとりにマークシートを配布・回収し、休憩時間に裏でどんどん読み取り、短時間で集計、すぐに結果発表できてしまいます。とても便利で長年利用しています」と、即座に集計され、結果を出せる点を高く評価している。

テストには「デジらく採点 2」、アンケートにはマークシートと用途によって使い分け

さらに、研究用に授業内でもスキャネットシートを活用している。

「テストの時は記述解答ができるスキャネットシートを使用し、学校評価アンケートにはマーク式のスキャネットシートを活用しています。コンクールなどの評価を生徒にさせるときは、シートに質問の印字ができ、マークもできるタイプのものを使用しています」とスキャネットシートを、用途によって使い分けている。

島田先生自身は、アンケートのほかに、年に何回かある復習テストの時だけスキャネットシートを使っていた。しかし、5年ほど前から、記述式テストにも活用でき、ペン入力で添削もできるソフトウェア「デジらく採点 2」に出会い、以来、理科の中間・期末などの定期テストでも使うようになった、と語る。

同中学校では、島田先生が初めて使用したことを皮切りに、現在、全教員の約4分の1の先生が「デジらく採点 2」を記述式テストの採

点・集計に活用している。

採点がぶれない、採点にかかわる時間が半分に削減など、導入効果は大きい

「デジらく採点2」を導入して「なんといっても、以前に比べて採点基準がぶれなくなったのが非常によかった」と、手作業では避けられない採点ミスがなくなったことを実感している。何度も見直す手間も省け、画面上で瞬く間に採点が完了するので間違いなく採点にかかる時間は短縮される。また、あらかじめ、正誤を設定し配点を入れておくだけで、点数計算をソフトウェアが自動的にしてくれることも、導入後の大きな成果のひとつであると島田先生の評価は高い。

採点に間違いがない分、テスト返却・解説の時間に、生徒は先生の説明に集中できる。即座に集計し読み取ったデータをエクセル上で管理できるため、その問題の正答率や、どの問題を間違ったかなど、すぐに把握し、テスト返却の際に生徒に伝えることが可能だ。「生徒たちは、テストが返却されると〇の数を数えて、点数が間違っていないか確認する子も多い」が、そこはソフトウェアが計算しているので間違いはない。

また、即座に集計し、読み取ったデータをエクセル上で管理できるため、先生は、その問題の正答率をすぐに把握し、テスト返却の際に生徒に伝えることもできる。さらに、「場合によっては、こちらの出題レベルが正しかったのかという見直しにもなりますので、スキャネット商品は、そのようなデータを取れるという点

でも魅力です」と語る。

作業量は以前の半分になり削減された時間を、授業の準備と生徒と向き合う時間に活用

また、現在の成績評価ではテストの採点だけではなく、「観点別評価」を加える必要があるため、先生方は成績処理に負担を感じている。この点、スキャネットシートは、設問毎に観点・分野の得点を集計できる。テストの中でも、特に、技能を問う問題などは、"観点"としてあらかじめ設定するだけで、ソフトウェアが自動的に何点分の何点という集計をしてくれるため、さらに便利だと感じている。これまで「観点別評価」に時間を割かれていた分を、先生方は、授業の準備や生徒と向き合う時間に充てることができる。「作業量は以前の半分になった」とスキャネットシートの便利さを実感している。

「働き方改革」の一環として使い続け、4分の3の時間短縮を実現、「デジらく採点2」は全教員の4分の1が採用

「働き方改革」が叫ばれ始めたころ、同中学校では、まず初めに興味・関心の高い先生方がスキャネットシートを試した。その結果、点数計算の必要がなくなったなどで時間の短縮を実感した先生方は、「働き方改革」の一環としてそのまま使い続け、今では、およそ4分の3の時間を短縮できたと評価している。

そして現在、理科・数学・体育・英語・音楽・技術/家庭科といった全教員の4分の1の

先生が「デジらく採点2」を使用している。

スキャネットシートの使い方は、いたって簡単

　スキャネットシートを使って困ったことはないという島田先生は、「初期設定などは、説明書通りに進めていけばよいので難しくはないですし、「デジらく採点2」のソフトウェアがバージョンアップされてからは、記号の自動採点機能がより正確になりました」と満足度はきわめて高い。「以前は、単純に出てきたものをみて自分で丸をつけていましたが、記号1文字だけであれば自動採点ができるようになったので、そこは楽になりました」と指摘している。

研究校として、子供の経年変化確認のため、
スキャネットシートでアンケートを定期実施

　同中学校は、研究校でもあるため、研究部で必要なアンケートもマークシートで実施するようにしているという。研究では、基づくデータが必要になるため、その指標の1つにアンケートが活用されている。子供の変容を見てはじめて、研究成果を問える。そのため、時期を決めてアンケートを実施し、経年変化を見ながらグラフ化し分析している。学校全体としては、同様のアンケートを学期に一度実施している。

今後もあらたな開発におおいに期待

　島田先生は、「スキャネットシートは、マークシート以外にも、最近、いろいろなシートが提供されているので、これは非常に便利だと思います。今後も、いろいろなマークシートやシステムが開発されたら、できるだけ有効に活用していきたい」と今後のスキャネットの開発に期待をかけている。

「デジらく採点2」を導入し年間125時間の削減を実現、「働き方改革」を実践

常総学院高等学校

草野 章 教頭／青栁 隆雄 教諭

　常総学院は、1905年、現在の土浦市に創設され、1983年常総学院高等学校が創立、1996年に常総学院中学校が設立された中高一貫校です。開校以来、教育目標に「社会に貢献するリーダーの育成」を掲げており、社会を担うリーダーの不可欠な能力として、「自己肯定力」、「学力」、そして、「タフネス」の3つを重視し

ています。そして、これからのグローバル社会・AI社会のリーダーに求められる能力の根幹となる資質として、「英語力」、「異文化受容能力」、「人間関係力」、「創造力」、「問題発見力」、「論理的思考力」、「行動力」、「プレゼン力」の8つを挙げ、教育活動を展開しています。常総学院中学校の生徒数は、1学年4クラスで

約350人、高等学校は、全校54クラスで生徒数は、約2000名。茨城県内で最大規模を誇る中高ともに学力伸長度が高い進学校です。

　部活動も活発で、開校間もないころから、吹奏楽部、野球部、バドミントン部、水泳部など数多くの部が、全国高校野球選手権大会をはじめとする各種の全国大会で目覚ましい活躍を見せています。そして、今日では、茨城県を代表する文武両道の名門校として、全国的に高い評価を受けています。

　ICT の導入は進んでおり、中高共に全館Wi-Fi 環境下にあります。中学校では、現在、約300台の PC を保有し、一人一台の PC を使って授業などで活用しています。高等学校では、2021年から、完全に一人一台の PC で授業を展開するなど、ICT 環境を整備しています。

　中学では約30名、高等学校では、約70名の教員が授業を展開しており、ほぼ全教員がスキャネット商品を利用しています。現在、常総学院の教頭として活躍されている草野章氏と自身も常総学院の卒業生であり、同校において英語科を担当している青栁隆雄教諭のお二人から、スキャネットシートを導入した経緯や理由、現在の使用状況や効果、今後の期待について語っていただきました。

「働き方改革」の一環としてスキャネット商品を採用し、教員のテスト業務を大幅に削減

　常総学院の先生は、他校と比較して、生徒数が多いため業務量も多い。授業も7時間授業の

ところ8時間目として特別講座と称した補講を、夕方6時頃まで実施している。このような環境の中、当然教員の残業時間も多く、働き方改革を目指し ICT 導入による残業の削減に取り組んでいる。その削減策に大きく貢献しているのが、スキャネット商品であるという。スキャネット商品を導入したきっかけは、2009年、理科の教員がスキャネット商品を大学入試センター試験対策で採用したのが初めで、その便利さが高く評価され学習指導部で大量購入した。

　当初は、定期試験と同時に大学入試センター試験の採点・集計に使用された。今は「デジらく採点2」を使用している青栁先生は、「採用してから、テスト業務に膨大にかかっていた時間が大幅に短縮された。それまで、かなりの時間、残業していたが、今は、だいぶ定時で帰れるようになった」と、教員たちの「働き方改革」を考えたとき、テスト業務にかかる時間の削減にスキャネット商品が有効であることに着目した。

業務に限界を感じていた時に、個人的にスキャネット商品を試したのがはじまりで、他の教員に拡大

　2016年からスキャネット商品を使用している青栁先生は、非常に多忙で、業務に、「限界を感じて、このような状態を何かで変えられないか」と模索していた時、採点・集計時間を大幅に削減できるというスキャネットの商品に辿りついたという。そして、「使ってみたところ、とても使いやすく、周辺の教員に使用を広めていった」と導入しはじめたころを振り返る。ま

た、「はじめは、『デジらく採点2』を一人でインストールするのは難しいのではないかと思っていたが、うちの学校の教員は、新しい物好きで、みんな賛同して使ってくれた」とテストに「デジらく採点2」を採用する教員が増えていった。

スキャネットシートで時間短縮を実現、データ蓄積が可能で、高校から中学校のほぼ全教員が採用

　スキャネットシートを使用して感じているメリットは、時間が短縮できること、データの蓄積が可能なこと、加えて、誰でもできる簡単な操作であると言う。青栁先生からはじまったスキャネット商品の使用は他の教員に広がり、今では、高等学校から中学校にも拡大した。青栁先生は、「現在8割から9割のほぼ全教員がスキャネット製品を使用している」と熱く語る。「普及に拍車をかけたのは、私が『スキャネットシートを使ってみるといいよ』と言ったのではなく、実際には、草野教頭が『面白そうだね』とおっしゃって使い始め、『あ！面白いね！』という教頭の印象が教員の皆さんに伝わり、次年度の予算をとり、普及していった」と続ける。「先生方が働きやすくなるのなら」と事務方もスキャネット商品の学内普及に協力的であることも力強いサポートとなり、「今年はかなりの枚数のスキャネットシートを購入できた」とさらなる普及が進んでいる。

「デジらく採点2」を導入して、年間125時間の削減を実現、「働き方改革」を実践中

　それでは、「デジらく採点2」を採用して、どれだけの時間が削減されたのだろうか。

　青栁先生は、「従来、テスト業務にかかる所要時間は、5クラス（200名）の場合、採点・集計業務に1クラスあたり約5時間、5クラスで25時間くらいかかっていた、年間では定期試験5回で125時間（約16日間）の作業」になっていたという。しかし、「『デジらく採点2』を採用してから、1クラス40名、5クラスの採点は、一回4〜5時間で、その日のうちに終了してしまう」と、実体験で算出した数字を示しながら、「デジらく採点2」が教員の働き方改革に大きく貢献している点を強調している。そして、青栁先生は、採点で短縮できた時間を、分析や生徒へのフィードバックに、多くの時間を費やすことができると語っている。

「デジらく採点2」は、採点基準にブレが無く採点ミスがない

　今まで、採点業務で一番苦労していた点は、解答の1つ1つを考えながら手で○をつけていたので、出席番号1番から30番までで採点がぶれてしまうことがあった。今日は10人の採点をして、明日、11番目からやろうとした時に、昨日は○だった人が、今日は△になるというようなずれが出てきてしまう。そのため、毎回、40名のクラスで2名程度はどうしても採点ミスが出てしまった。スキャネット商品を利用してからは、採点基準にブレが無く、○の数の足し算の間違いもなくなった」と具体的に抱えていた課題を説明してくれた。現在、常総学院では、スキャネットシートと「デジらく採点2」を主に定期試験で使用しているほか、年に2回、別

の試験でも使っている。

スキャネット導入で作問意識が変わり、その結果、生徒のやる気を引き出し授業が活発に

　導入後の効果は、時間の短縮や採点のブレがなく、採点ミスがないということだけではない。テストに対する向き合い方や作問意識が変わったという。青柳先生は、「長年、教員をしていて、いつしか、テストが生徒に順位をつけるための道具になってしまっていた。しかし、『デジらく採点2』を導入して、授業でやったことを生徒がどのくらい覚えているのか、それを問うような問題を作るようになった」と「デジらく採点2」採用後に変化した気持ちを語る。「それからは、しっかり勉強してきた生徒がちゃんと点を取れる試験を作るように、心がけるようになった。難問奇問を出すより、普通に勉強したことを活かせるようなテストをしていったほうが、点数的にも生徒のやる気を次に繋げるためによい」と「学んだことを確認する」というテストの原点を再確認する機会となったと話している。そして、テストは、「授業をどれだけ理解しているか」であり、授業の質の向上が求められ、授業に対する教師、生徒双方の向き合い方が変わると考えている。

　「デジらく採点2」を採用して、テストに対する向き合い方が変わった結果、生徒のやる気を引き出し、生徒の授業中の態度にも変化がみられ、生徒自身が変わってきた。例えば、今までは、間違えるのが怖いという生徒も、授業で活発に発言するようになったと、真の働き方改革を実現するためには、「時間の改革から意識

の改革」が必要であると強く感じている。

今後は、「デジらく採点2」普通紙対応版（学校ライセンス）を導入し全校的に普及を促進

　「デジらく採点2」は、使いやすい教科と使いにくい教科がある。例えば、中学の数学のテストは解答を書いていくだけなのに対して、高校だと記述の採点になるので、部分点の書き込みが多くなる。そうすると単純に、シートの使用枚数が変わる事になり、それが年間を通すと教科や学年によって使用枚数にはらつきが出ることになる。これでは教科ごとに予算を取りづらく、使いづらいものとなってしまう。そこで、あらかじめ使用枚数が想定できない場合、「デジらく採点2普通紙対応版」（学校ライセンス）を導入することで、使用する時にだけ用紙を用意すればよいことになる。これでスキャネットシートを全校的に普及させていく計画である」と草野教頭は今後の導入について語っている。

スキャネットは様々な要望に次々に対応、どんどん機能が充実、使い勝手が改善

智辯学園和歌山小学校・中学校・高等学校　情報システム部長

前川 倫男 先生

　智辯学園和歌山小学校・中学校・高等学校、通称智辯和歌山は、和歌山県和歌山市冬野にある私立校です。1978年（昭和53年）４月に、智辯学園和歌山中学校・高等学校が同時に開校。2002年（平成14年）には智辯学園和歌山小学校が開校し、小中高12年一貫教育を提供しています。

　"愛ある教育"という教育の原点を求め、智辯和歌山は、個人にあっては心の原点に立ち返

ることを教育理念として、生徒一人ひとりを献身的に支え、"誠実・明朗"で「真心ある明るい元気な子」に育ってほしいとするすべての親の願いにこたえる教育を目標としています。同校の教育は、理解と期待、努力と想像によって達成されるものと考え、生徒は同じ目的のもとに集まり努力と挑戦を惜します、保護者は同校の教育理念と実践に明確な賛同を共有し、教職員は教育的情熱に満ちています。

中学校・高等学校は、3つのコースが設けられており、中・高6年一貫コースは小学校卒業後、編入コースは中学校卒業後、それぞれ入学し、中5（高2）の時点で合流、互いに刺激を与え合いながら学びます。進学校として東大、京大、国公立大医学部をはじめ難関大に進学する生徒が多く学んでいます。また中学校卒業後に入学するスポーツコースの生徒は、野球部に所属し甲子園出場をめざします。センバツや夏の甲子園は常連校で、プロ野球に進む生徒も学んでいます。また、20年前から校内ネットワークが構築され、ICTを活用した教育が行われています。

同校では、センター試験対策として、スキャネット製品の「らく点マークくん Lite」を導入し始めましたが、中でも、現在、「デジらく採点2」を積極的に使用している理科（物理）及び情報科の前川倫男先生に、スキャネット商品を導入したきっかけや導入の決定要因、導入後の効果と今後の使用意向などについて、率直な感想を語っていただきました。

スキャネットは市販のスキャナや複合機で読めるのが魅力、センター試験対策として導入開始

Q スキャネットを導入したきっかけは何ですか？

A センター試験の直前演習をやると効果が上がるという話を聞いて、本校でも導入しようと思い、マークシートを自動で採点・集計するソフトをいろいろ探しましたが、マークシートを読み取る OMR 機器は高額であるとか、マークシートを作るのは大変だとか、そういう課題がある中で、スキャネット商品に出会いました。スキャネット商品は、市販のスキャナや複合機でマークシートを読めるので、そこに魅力を感じました。そして、スキャネットの担当者からいろいろと話を聞き、スキャネット商品は、マークシートを買って、スキャンしてデータ化すれば採点と集計が簡単にでき、個人の成績表まで出てくるというのが決め手で使い始めました。

直前演習では、はじめは、市販のスキャネットシートを購入して、「らく点マークくん Lite」を使って採点していたのですが、使っているうちに、例えば、センター試験では数学は2科目、文系は社会2科目だから合計何枚必要だとか、いろいろ計算してシートを発注する必要が出てきました。また、本校の生徒数を考えると、1000枚単位で購入するとどうしても端数がでてしまいます。シートは学級費で購入していますから、一人いくらという金額が決まった方が、本校としては都合が良いのです。そこで、センター試験の5教科10科目の解答用紙と自己採点シートをまとめて本校用にセンターパックを作ってもらい、これを生徒の人数分購入しています。生徒は、必要なシートを取り出して使う、というやり方です。

「らく点マークくん Lite」はセンター試験の直前演習、各教科の授業内や定期考査でも活用

Q 校内では、「らく点マークくん Lite」をどのように利用していますか？

Ⓐ「らく点マークくん Lite」については、センター試験の直前演習の他、各教科の授業の中で使ったり、定期試験でも利用しています。センター試験対策として、試験直前の12月後半から、1月初めにかけて、出版社5社の学校向けのセンター直前パックを5回行っています。5回中1回はセンター試験と同じタイムスケジュールで行います。センター直前パックの問題は総合的で学習範囲を網羅しているので、間違えたところの復習には有効です。もちろん、難易度に違いがあるとは思いますが、この5回の演習をすることで、センター試験本番では全体の得点が1割ほど上るのではないかと思います。また、情報の授業でも、「らく点マークくん Lite」を利用して、マークシート形式の試験を実施しています。情報は、高校では必修科目で、ICTリテラシーや問題解決、デジタル表現、プログラミング、情報モラルを教える科目です。

「デジらく採点2」は採点が早いので楽で効果的と、受け持ちの教科の試験で使用

Ⓠ 「デジらく採点2」の利用状況はどうですか？

Ⓐ 私は始めのころは、教科情報で、「らく点マークくん Lite」を使ってマークシート形式の試験を実施していましたが、今は、物理基礎で、記述式の解答用紙の採点、集計ができる「デジらく採点2」を使っています。記号等の手書き文字の自動認識もできて便利です。定期試験で「デジらく採点2」を使っている教員も増えています。物理基礎以外では、中学の社会科の教員も「デジらく採点2」を使っています。

使っていて実感した効果としては、解答用紙を手で採点していた時と比べると、「デジらく採点2」を使うことで、試験の採点時間が短縮できたことです。紙をめくる時間が必要なくなったことが大きいと感じています。以前は、採点の際、途中で正答例を確認する時間が必要でしたが、「デジらく採点2」を使うと、画面に正答例が出ているのでその必要がなくなりますから、効率がよくなりました。

宗教の先生は、各クラス週1回の授業なので受け持つクラス数が多く、採点する枚数がとても多くなります。それを手で採点していたので「デジらく採点2」を使って採点・集計することを勧めたところ、時間短縮に非常に効果的だったという反応でした。現在のところ、校内で「デジらく採点2」を使っている教員は6人ほどです。使い方の説明をして抵抗なく理解できるITスキルの高い先生から使い始めています。

「問題別正答率・識別指数表」を使い理解度や設問の分析が可能、また、自分の授業の振り返りができるのが大きなメリット

Ⓠ 時短以外にどのような効果やメリットがありますか？

Ⓐ 試験を採点する時に、一つ一つの問題の正答率を計算するのは、時間がかかるので私はやっていません。平均点は計算しますが、一問一問、正答率がどうかということまで手作業で計算している先生は本校では数少ないと思います。スキャネット商品を使えば、問題別正答率を簡単に計算できます。また、識別指数も設問

分析に役立っています。通常、難しい（正答率の低い）問題になるほど、成績の良い（得点の高い）生徒の方が成績の悪い（得点の低い）生徒より正答する率が高くなりますが、識別指数を使うと異常が起きているかどうかを指数からチェックできます。難しい問題なのに、成績下位層の正答率が高いような場合、異常値が出ますので、そういう時には、例えば、設問文の文章表現が悪く、問われていることが生徒に正しく伝わらなかったのではないか"、あるいは、"同じ単元の授業展開で、あるクラスでは十分説明し理解定着がはかられたが、別のクラスでは説明が足りず理解定着が弱かったのではないか"というように、問題分析や授業の振り返りができるのです。こういう分析が手軽にできることが大きな魅力ですし、分析結果を使って客観的データに基づく授業の振り返り、試験問題の内容分析ができるということに、私は非常にメリットを感じています。

　また、問題の正答率の高低を、以前は感覚で把握していましたが、今は数値で客観的に把握できるので、答案返却の際、正答率が低い問題から順番に解説するようにしています。ほとんどが正解している問題については、正答例を配布しているので、全体では説明せずに個別に指導しています。「デジらく採点2」を使えば、そのような効率の良い授業展開が行えます。

　受験者が少人数の場合は、採点の時短効果はそれほど大きくありませんが、私が少人数の試験でも「デジらく採点2」を使う理由は、正答率の確認や自分の授業へのフィードバックとして有用だからです。スキャネット商品に関心を持って使いたいという人にそういう点を説明して、自分の授業へのフィードバックに使うと良いということを話しています。

「デジらく採点2普通紙対応版」を無償で試しコストの削減を実感、校内で普及中

Ｑ　今後、「デジらく採点2」をどのように使っていきますか。

Ａ　コスト面でいうと、シートを購入すると、用紙一枚約20円かかります。採点したものをカラーで印刷すると、本校では一枚片面15円かかります。これを生徒の人数分となるとかなりの費用になるので、それでは使うことができないということになったのです。そこで、本校では、研究目的で使い始めました。去年の夏頃からは、「デジらく採点2普通紙対応版」をテストケースとして無償で使わせて頂いています。普通紙に白黒印刷するので、解答用紙の印刷は一枚片面1.9円で済みます。本校で使っているコピー機は、フルカラープリントは15円ですが、二色刷りだと1.9円でできます。解答用紙をグレースケールで読み込み、採点して、赤黒の二色刷りで印刷すれば白黒と同じ料金なので、費用をかなり抑えることができます。今後多くの先生に使ってもらいたいと考えています。「デジらく採点2普通紙対応版」を利用することにより、小テストなどでも気軽に使えますから、定期試験以外の漢字テストや少テストなどの利用も増えると思います。

スキャネットは様々な要望に対応し、どんどん便利に使い勝手がよくなる機能

Q スキャネット担当者の対応はいかがでしょうか?

A スキャネットの担当者には常々、"こんなことができないか" という要望を伝えると、すぐに対応して頂けるので、どんどん便利になっています。「デジらく採点2」には、記号一文字を認識して自動で採点する機能がありますが、生徒が書く文字の形が汚くて正確に採点できないことがあります。そのため、目で見直しをしないといけないのですが、バージョンアップとともに、認識能力は上がっています。

最近のアップデートで有り難かったのは、様々な設定をコピーできる機能がついたことです。例えば、複数のクラスを二人の教員で担当している場合、同じ試験問題を使っているのに、A先生は自分のPCで諸々の設定をし、B先生も自分のPCで諸々の設定をする必要がありました。この設定をコピーすることができるようになり、その手間が解消され大変便利になりました。

スキャンして試験結果がデータとして残り、採点が自動化され一石二鳥の便利さ

東京大学教育学部附属中等教育学校

對比地 覚 教諭

　東京大学教育学部附属中等教育学校は、旧制東京高等学校尋常科3年に、新たに尋常科1、2年生を募集して、1948年（昭和23年）に発足した東大附属の中高一貫校です。大学と同様、二学期制を採用しており、4〜9月が前期、10〜3月が後期として授業が行われています。また、東京大学教育学部の研究学校として、中高一貫校（6年一貫カリキュラム）の研究、総合学習の実践研究、双生児（3つ子を含む）生徒の研究などの教育学研究も行われています。

ほとんどの生徒が大学に進学する進学校ですが、教育目標に「未来にひらく自己の確立」とあるように、入試テクニックやノウハウではなく、将来の夢の実現に向け、自己を磨く6年間にするための進路指導を行っています。また同校は、「生徒同士の学びあい」を中心に位置づけた協働学習を積極的に取り入れるなど、文部科学省が今後の学習のあり方として提起した「アクティブラーニング」の先鞭として大いに注目されています。また、総合的な学習と教科の学習とを密接に関連させた教育内容を工夫しており、その二本柱で5つの力（「ことばの力」「論理の力」「身体・表現の力」「情報の力」「関係の力」）の育成をめざした学習活動を行っています。

次年度からは、教員が利用するPCが切り替わるなど、ICTの活用にも力を入れる同校で、スキャネットのシートを様々な用途で活用している理科教諭の對比地覚氏に、利用のきっかけやその効果についてお話を伺いました。

大学入試センター試験対策として、スキャネット商品を使用、2014年から本格導入開始

Q 導入したきっかけは何ですか？

A 私がスキャネットのマークシート「らく点マークくん3Lite」を使い始めたのは、大学入試センター試験対策に最適と考えたからです。当時、大学入試センター試験を中心に大学入試では、マークシート形式が広く採用されており、生徒にマークシートに慣れさせる方法を模索していました。そんな時、英語科で、すでに授業の単語テストなどにスキャネットのマークシートを利用している教員がいて、その先生から「試験をしてすぐに採点され翌日返却が便利」という評価を聞き、その手軽さに魅力を感じ、採用を決めました。本校でスキャネット商品を本格的に採用したのは、2014年ごろです。

その後、東大附属では、「デジらく採点2」も利用するようになりました。校内で利用している先生は、採点業務の効率化という目的で、「デジらく採点2」を利用していますが、私の使用動機は時短ではありませんでした。もちろん時間を削減できるということは大きなメリットですが、私個人としては、「らく点マークくん3Lite」で、生徒にセンター試験に慣れさせたいというのが一番の目的だったので、「デジらく採点2」については、昨年から、「デジらく採点2普通紙対応版」を期間限定で、無償で体験利用することができるようになったのが使用するきっかけでした。

約半数の教員がスキャネットを国語、理科、数学のテストに採用、作業の効率化を実現

Q 今、学内での利用状況はどうですか？

A 2018年頃、学内でスキャネット商品を利用しているのは5人くらいでしたが、今では20人ほどの教員が使っています。当校の教員は全部で40名程度なので、半数近くの中堅から若手の先生が利用していることになります。教科でいうと、国語と理科、数学です。なかには、「デジらく採点2」の大ファンで、「もう楽で楽で、これは手放せないよ」といつも言っている年配の先生もいます。

先生の多くは、定期試験の採点の時短・効率

化を目的として、「デジらく採点2」を使って
います。私はセンター対策で「らく点マークく
ん3Lite」を、定期試験で「デジらく採点2」
をと両方のスキャネット商品を利用しています。
中には、マークシートだけの試験では、生徒の
理解度を正確には測れないという思いから、採
用を躊躇する先生が多くいました。でも「デジ
らく採点2」が出て、記述式の試験にも対応で
きるようになってからは、利用する先生が増え
ました。当校は中高一貫なので、教員は中学も
高校も教えます。中学生にマークシートで試験
をするのは生徒が構えてしまうと心配していた
先生もいましたが、「デジらく採点2」ならそ
ういう問題もありません。「記述の採点は大変
な上、集計するのも大変でミスもしやすすので苦
労している」、と言っていた先生が、今では、
採点に集中できるということで「デジらく採点
2」を使っています。

年4回の定期試験、演習問題や小テストに
も採点業務の効率化のため「デジらく採点
2」を活用

[Q] 東大附属では、「デジらく採点2」をどの
　　ように使用しているのですか?

[A] 当校の教育方針として入試・試験テクニッ
クをあまり重視していないということもあり、
マークシートを使用しない先生が多くいたので
すが、採点業務を効率化したいというニーズは
ありましたから、記述式の採点ができる「デジ
らく採点2」が出てきて、使ってみようという
先生が増えました。マークシートの選択問題が
中心の試験であっても、やはり、2、3問は記
述式の問題を入れたいという先生は多いのです。

採点時間は3分の1から5分の1に大幅に
削減、採点基準にブレないのがメリット

[Q] 導入による効果やメリットはありますか?

[A] 採点時間が3分の1から5分の1くらいに
減っています。私が担当している化学は、生徒
数がそれほど多くないため、一人で全ての採点
をやっています。私の場合は、以前、紙で採点
していた頃から、一人ずつ採点するのではなく、
第一問を全員分採点、第二問を全員分採点、と
いうように一問ずつ全員分採点していましたか
ら、「デジらく採点2」を使用してから、採
点・集計の時間だけではなく、紙をめくる時間
も短縮できます。それが「デジらく採点2」を
使用して享受できる大きなメリットです。それ
に、同じ問題を一気に採点できるので、採点基
準がブレにくいという利点も大きいです。

スキャンして生徒の試験結果がデータとして
残り、かつ採点が自動化され便利と一石二鳥

[Q] ほかにも、「デジらく採点2」を使用して
　　のメリットはありますか?

[A] 当校は研究校なので、生徒の記録を残して
おいて、いろいろ研究・分析に使うという目的
があります。採点した後にスキャンするか採点
する前にスキャンするかの違いで、どちらにし
ても生徒の試験の結果もデータとして残すこと
になるので、スキャンをしてデータを残し、か
つ採点が自動化され便利になり、一石二鳥なの
です。
　スキャネット製品には、採点結果を様々に分
析する機能がありますが、教員側としては、そ
のような分析結果を生徒に見てもらい、自分の

学習に活かして欲しいという希望があります。ただ、生徒側は、順位とか偏差値に関心が高く、教員側の意図とは異なるのですが、分析結果をこちらの指導に活かせるというメリットがあります。複数回の試験の結果から、生徒の成績がどのように変化しているかをグラフにするなど可視化できますので、順位が下がっている点とか、弱い箇所について、生徒に細かい指導ができます。

スキャネット商品を使っていて、特に不便さや困ったことを感じることなく快適に利用

Ｑ スキャネット商品で使いにくい点、不便な点はありますか？

Ａ 設定で特に困ったことも、比較的トラブルもなく利用しています。あえて言えば、「デジらく採点2」だと、画面でまとめて確認して採点できるのが便利な一方、生徒の名前が一覧表示からは見えないため、それぞれの生徒の理解度や習熟度を踏まえた上で採点したい場合、少し、不便さを感じていたことがありました。でも、これも近々バージョンアップされ、対応可能になるので、不便さもすぐに解消されます。

　また、ソフトの問題というよりは、こちらの責任ですが、採点している途中で、採点基準を変更したいとき、そこで修正できず、もう一度最初から読み込ませる必要があるので、それが多少面倒です。

4日かかった採点・集計が 「デジらく採点2」では4時間で 完了、時短以外に様々なメリット

宮城県仙台南高等学校

高橋 準一 教諭／佐々木 敦 教諭

　宮城県仙台南高等学校は、1977年、これまでの高校の在り方を探求し、効果的な教育を実践することを目的に開校した男女共学の普通科の高校です。開校以来、「生徒一人ひとりの個性を開発し、その充実を目指す教育」を実践しています。

*

　同高等学校では、「英知」、「調和」、「自律」を校訓としており、進路実現へ向けた学習指導、充実した部活動による人間形成、生徒の自主性重視の学校行事の充実という取り組みによって、この校訓は実践されてきました。「英知」とは優れた知的判断力を磨き、各自が状況の変化に対応できる英知を身に着けること、「調和」と

は、豊かな情操と寛容さを備えたバランスの取れた円満な人格を形成すること、そして、「自律」とは自己の欲求を適切に調整し自分を律する強固な意志を持ち、自ら積極的に環境に適応できる自主自律の人間の育成を図ることです。仙台南高等学校は、進学校として、大学入試だけを目的とするのではなく、社会の一員としてどのような生き方をしていくのか、といった普遍的な課題にもこたえるような教育を授業第一主義で進めています。経験豊かな教職員による進学やその先を見据えた授業、主体的な学びを取り入れた授業などを実践しています。また、学習指導と進路指導を充実し、生徒の主体的な部活動と学校行事への参加を通じて、次代を担う人材を育てる教育に邁進しています。

4年前からスキャネット製品を使用している化学の教諭である高橋準一氏と、スキャネット製品を使用して3年ほどになる生物の教諭である佐々木敦氏に、スキャネット製品を導入したきっかけや導入を決めた要因、使い方や導入後の効果、生徒への影響などについて、お話を伺いました。

はじめに「デジらく採点2」のトライアルキットを使ってから、その便利さからずっと使用

Q スキャネットを導入したきっかけは何ですか?

高橋氏：私と、もう一人の教員の二人で、4年前頃から「デジらく採点2」を使い始めたのが最初です。二人とも化学の担当でしたが、化学には設問数の多い試験があり、採点が非常に

大変だったのです。例えば一年生の化学の試験では、60分の試験で問題数が100問という場合もあり、一学年が280人で、合計28,000問の採点をしなければなりません。採点するのに3日間くらいかかり、集計する頃にはもう疲れてきて、そこから更に1日かかり、採点と集計に合計4日間も費やしました。これは非常につらく大変な業務でしたので、なんとか効率化できる方法はないかと効率化の手段を模索していたところ、同僚がマークシートだけではなく記述の採点もできる「デジらく採点2」を見つけてきたのです。そこでスキャネットにトライアルキットを提供してもらい、どれくらい時間を短縮できるのかを試してみた、というのがスキャネット商品導入の始まりです。他にも類似商品があるのかも知れませんが、スキャネット商品を試してみて、とても便利でしたのでそのままずっと使っています。

佐々木氏：私が3年前に赴任してきたときには、すでに本校では使っていました。最初に使い始めた先生が異動されたときに、私がスキャネットの窓口として担当を引き継ぎましたので、他の教員が新たに使いたいというような時には、私から使い方を説明しています。

4日かかった採点・集計が「デジらく採点2」で4時間で完了、大幅な時短以外に様々なメリット

Q 「デジらく採点2」導入による効果はどうでしょうか?

高橋氏：とにかく採点・集計のつらさから解放されたいというのが出発点ですから、実際に4

日間かかっていた採点が４時間くらいで終わるようになり非常に楽になっています。今は、試験の翌日に採点結果を生徒に返却できますので、大幅な時間短縮です。また、時短以外にも様々なメリットがありました。まず、同じ問題の解答を画面で一覧表示して一気に採点できるので、採点間違いが無くなり、生徒から採点ミスを指摘されることもありません。集計ミスもないので、採点後の煩雑な手間がだいぶ減りました。また、「デジらく採点２」には、いろいろな分析機能がありますので、問題ごとの正答率を出すとか、学年としてどこが弱いかとかいう分析をし、それを指導に活かす、というような使い方もできます。

以前は、大問の正答率を手作業で結構な労力をかけて計算していましたが、そこも大きく改善されました。一緒に使い始めた教員とは、"これは便利で良い、時短になってただ楽になっただけではない"という話をしています。

生徒にすぐに試験を返却でき、復習の時間も取れるのも「デジらく採点２」のメリット

Ｑ ほかにも、「デジらく採点２」を使って良かったことはありますか？

高橋氏：試験を返却する時間も短縮されたことによって、「デジらく採点２」を使ってから、復習の時間も取れるようになりました。普通、生徒の名前を呼んで一人ずつ返すのだと思いますが、私は、試験の際に問題用紙と解答用紙を一緒に回収して、まとめて返却しています。解答用紙だけだと周りに点数が見えてしまいますが、問題用紙の表に名前を書かせ、解答用紙を

問題に挟んで返せば、個人の点数は見えませんので、束で渡して、自分の用紙を順々にとっていく、というやり方にしています。ですので、導入して本当に良かったと思っています。

生徒にとっては、順位や正答率がすぐにわかるのは、刺激的で頑張りにつながり良い影響

Ｑ 生徒には何か影響がありましたか？

高橋氏：関東と比べて生徒も呑気なので、順位を見ることが生徒の刺激になるようです。正答率も、成績上位の子ほどしっかり見ています。下位の子でも、例えば正答率８割の問題を間違えていると知ると、それをきっかけに勉強する気になるので、そのようなデータが出るのは良いと思います。15人程度の少人数のクラスで順位を出したときは、周りには負けたくないということでみんな頑張って、そのクラスのセンター試験の結果がとても良かったということもありました。

中には、全部自動で採点されるのだと勘違いしている生徒もいて、ちゃんと機械が読み取れるように丁寧な字で解答するような生徒も増えました。ミミズみたいな字の解答は減りましたので、これが本番の入試にも生かされれば良いと思います。導入した時には想定していなかった効果でしたが、これも良い副作用と言えます。

佐々木氏：私は、試験結果をファイルに綴じて一年分を振り返ることができるように、シートにパンチ穴をあけて生徒に返却しています。今後、時系列での変化が見えるようになると、生

徒のやる気に良い影響が出てくると思います。

識別機能は、自身の作問の適切さを振り返ることができて大いに役立つ機能

Q 佐々木先生ご自身ではいかがでしょうか？

佐々木氏：私は、識別指数が便利だと感じています。自動で計算されるのですが、これが0.5以上だと上位と下位の正答率に大きな差があり、逆に小さいと、上位と下位に差がない問題である、というのがわかります。識別指数が小さい問題は、問題としてあまり意味がないといいますか、それは、生徒の力を見分けられていないということですので、自分の作問が適切だったかを振り返るのに役立っています。

情報漏洩の心配もなくどんどん校内の職員に「デジらく採点2」が拡大、ほぼ半数の職員が採用

Q 学内での利用状況はどうでしょうか？

高橋氏：二人で使い始めて、気に入ってどんどん使うようになってから、他にも広めていこうということになり他の教員、特に若い先生に勧めるようになりました。PCに取り込むということで一部には、情報漏洩を心配する教員もいましたが、従来のやり方では、家に解答用紙を持ち帰って無くすなどそういうことが起こる可能性があります。でも、今は校内のPCで作業しているため答案の持ち出しが無く、情報漏洩のリスクはありません。

「デジらく採点2」は、だんだんと校内に広がってきて、今では理科は全員、英語もほぼ全員、それ以外でも社会と家庭科と保健体育の教員が使っています。人数でいうと、15〜20名くらい、当校の教員の半数くらいです。数学と国語では、書かせる解答が多く、解答欄も大きいので、一覧で表示してまとめて採点するのに少し馴染まないという職員もいますし、英語の単語テストであればデジらく採点2を使って、英作文であれば手作業でやるとか、試験によって使い分けている先生もいます。ただ、一度使った先生は、"手放せない"と言います。英語の先生などは、毎回試験のたびに、"もう採点終わった、本当にこれは働き方改革でいいね"と報告してくれるくらいです。

佐々木氏：スキャネット商品を導入する前は、マークシートの試験を使うと、成績が下がるのではないかと心配したのですが、そのような心配は全くありませんでした。

高橋氏：「デジらく採点2」の他にも、授業の中で、例えば3年生の化学の演習やセンター試験対策の模試などで、「らく点マークくんLite」を使ってマークシートの試験をしています。試験をやってすぐに結果ができるので、とても便利に使っています。

現在、スキャネットシートは、演習以外に学校アンケートでも利用しています。生徒や保護者、教員を対象に、授業の評価や学校施設（教室や校庭）の充実度などを聞くために実施しているアンケートで、これまでは紙でやっていましたが、今年度からスキャネットのマークシートを利用し、満足のいく結果を得ることができました。

今は予算の制約もあり、3年生の演習と年4回の定期考査、学校アンケートに利用しているだけですが、もっと安価に利用できれば、小テストとかにも使っていきたいと思います。シートの費用は、教材費という形で保護者の方に負担して頂いていますが、教員が楽をするということではなく、生徒指導に活かすという意味では、1枚あたり10〜20円という費用分は十分に生徒に還元できていると思っています。

はじめは，使用方法で苦労した点はあるが、慣れれば不自由なく使いこなせて便利

Ⓠ スキャネットシートやソフトを使っていて困ったことはありますか？

高橋氏：ダブルクリックして解答欄の枠を選択しようとしても、なぜか複数枠がまとめて選択されてしてしまうとか、配点を2点、1点、0点と入れるところを、0、1、2の順にしてしまうとエラーになってしまうとか、慣れるまでは苦労することもありました。でも、そういう細かい所は、試行錯誤して慣れてきましたので、今は不自由なく使えています。

これから使う先生にも、使いやすいやり方を説明することができますので、慣れれば別に苦ではありません。また、たまに他の先生が使っているところを見せてもらって、"ここをこうすると効率が良い"という発見をするようなこともあります。試験の日付を入れるとか、試験の名前が長いときに、途中で省略されないよう小さくして枠におさめるとか、そういう細かいテクニックは、"豆知識的"なものとしてまとめておくと便利だろうと思います。

細かい所ですが、例えば模範解答を読み込むときに、印刷機の具合でズレが出てしまい、なぜか読み込めないことがありましたが、スキャネットの担当者に"手書きで解答を入れて読み込ませるといいですよ"と言われて、私は今もそのやり方でやっています。生徒には、手書きではなくPCで作成した模範解答を配布していますが、これを読み取れれば、2種類作る必要がないので楽になります。

今後は、高校入試で「デジらく採点2」の採用が実現されることを願う

Ⓠ 今後の要望はありますか？

高橋氏：理科の教員は全員「デジらく採点2」を使っていますので、我々は"入試でも使えたら便利だ"という話を良くしています。どこかの私立校で採用したという事例があると、今後、10年後くらいには公立校でも採用できるようになるかもしれないと願っています。今年は380人が受験しましたので、採点は大変なのです。特に、いまでは、理科チームは全員が「デジらく採点2」の快適さに慣れてしまっていて、手で採点するのが大変なので、入試でも使いたいという教員が多いのです。あと、記述の解答も一覧で見たり、付箋をはることができるので、採点にブレがでにくいというメリットも大きいので使いたいという理由もあります。なかなか公立校の入試に導入するというのはハードルが高いと思いますが、早く実現すればよいと願っています。

Part **4**

「デジらく採点 2」の
使い方の解説

本章では、「デジらく採点 2」の使い方について説明します。

1 必要なもの

・Windows® PC
・スキャナ又は複合機（JPEG 形式・カラー・200dpi のスキャンに対応しているもの）。
・専用シート（デジらく採点 2 対応の型番のシート）。
・学生の名簿リスト（CSV 形式又は Excel 形式）。

2 デジらく採点 2 のインストール

①スキャネットから提供された CD もしくはスキャネットの WEB サイトから、
　デジらく採点 2 をダウンロードします。
②DigiRaku_v2.*.*.*.zip を展開し、setup exe を実行してください。

③「デジらく採点 2　セットアップウィザードへようこそ」の画面が
　出たら「次へ」ボタンをクリックしてください。

④「インストールの確認」が
　表示されます。「次へ」ボ
　タンをクリックしてくださ
　い。インストールが開始さ
　れます。
　「インストールが完了しま
　した。」の画面が表示され
　たら、「閉じる」ボタンを
　クリックしてください。

⑤デスクトップ上に「デジらく採点 2」のアイコンが表示されていれば、インストール
　完了です。

3 ライセンスキーの登録方法（有料オプション）

帳票出力機能と分散採点機能（どちらも有料オプション）を利用される場合は、ライセンスキーが必要です。
ライセンスキーはスキャネットより、提供します。
ライセンスキーの利用を希望する場合は、スキャネットにお問い合わせください。

①デジらく採点２を起動した後に表示される「ようこそ」画面が表示されるので、「ライセンス情報登録」ボタンをクリックしてください。

②「ライセンスの登録」画面が表示されるので、ライセンスキーをドロップします。ライセンスキーはスキャネットより渡しています。

※「ライセンスの登録」画面をクリックし、ライセンスキーのファイルを指定して登録する事もできます。

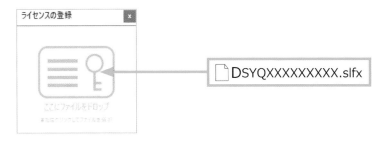

4 フォルダ・試験・テストの作成

「メイン」画面について

フォルダ ... 試験 模擬試験用 データ

テスト テスト ... 単科テスト用 データ

● フォルダ作成
試験やテストをまとめるフォルダを作成します。

● 試験作成
複数のテストデータを一つの試験データとしてまとめる事ができます。
名簿リストを登録すると、試験の直下に作成したテストにも同じものが登録されます。
データはコピーできます。（P71参照）

● テスト作成
1回のテストだけを実施する際に作成します。
テストごとにも名簿リストを登録する事ができます。

①フォルダの作成
「フォルダ作成」ボタンをクリックし、フォルダ名を入力して「登録」ボタンをクリックします。

②試験の作成（※通常のテストには作成不要です）
「試験作成」ボタンをクリックします。

模擬試験など複数のテストを1つの採点結果としてまとめて出力したいとき、または、同じ名簿リストを使用したいときに作成します。それ以外の場合には作成は任意です。

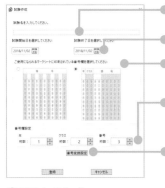

● 試験名は出力データと出力帳票に反映・印字されます。

● 試験の開始日と終了日を設定することができます。

● 使用するシートの番号欄形式（11桁番号または年クラス番号）にあわせて選択してください。

● 学生番号の桁数を設定します。
※番号変換設定をする場合は、変換後の桁数にあわせてください。
（例：「A010B1」であれば6桁となります。）

●「番号変換設定」では、英文字などを含む番号を使用するときに利用できる設定です。11桁番号形式と、年クラス番号形式のどちらにも設定することができます。
（例：「1101」とマークしたら「A01」とするなど）（P72参照）

③テストの作成
「テスト作成」ボタンをクリックします。

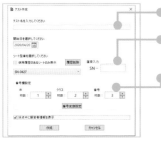

● テスト名は出力データと出力帳票に反映・印字されます。

● シート型番は、利用するマークシートの型番を選択します。型番はマークシートの表面右下に記載があります。（SN-○○○○）

● 学生番号の桁数を設定します。
「試験作成」から設定している場合、変更はできません。

採点中に解答者情報を表示
チェックを入れると、採点画面に解答者番号・名前が表示されます。

試験のコピーについて

メイン画面より試験データを選択し、右クリックをするとデータに対して行える操作一覧が表示されます。

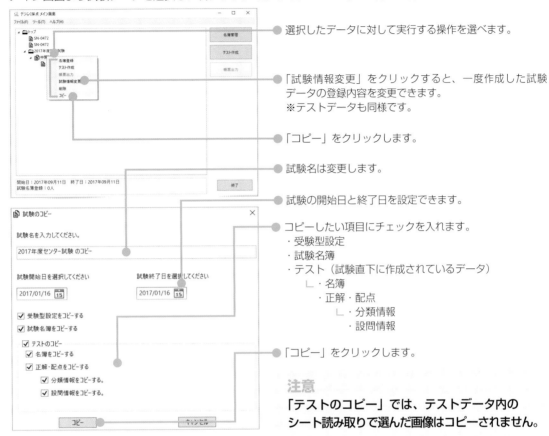

● 選択したデータに対して実行する操作を選べます。

● 「試験情報変更」をクリックすると、一度作成した試験データの登録内容を変更できます。
※テストデータも同様です。

● 「コピー」をクリックします。

● 試験名は変更します。

● 試験の開始日と終了日を設定できます。

● コピーしたい項目にチェックを入れます。
・受験型設定
・試験名簿
・テスト（試験直下に作成されているデータ）
└・名簿
　・正解・配点
　　└・分類情報
　　・設問情報

● 「コピー」をクリックします。

注意

**「テストのコピー」では、テストデータ内の
シート読み取りで選んだ画像はコピーされません。**

右クリックで表示される一覧

●テストデータを選択した場合

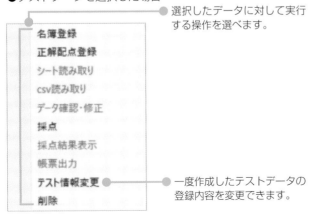

● 選択したデータに対して実行する操作を選べます。

● 一度作成したテストデータの登録内容を変更できます。

●メイン画面上

> 「トップ」にフォルダ作成
> 「トップ」に試験作成
> 「トップ」にテスト作成

トップにフォルダ・試験・テストデータを作成する事ができます。

●数字から英字に変換する場合

「英数変換」のパターンを選択してから、開始桁の数字を
プルダウンから設定し、「追加」ボタンをクリックしてく
ださい。

下の BOX に設定した内容が表示されますので、内容に問
題がなければ「設定」をクリックしてください。

※名簿リストの登録とテストデータ作成前にのみ設定がで
きます。

● 初期設定では、「英数変換」パターンのみ設定されていますが、
新しく作成する事ができます。(図1参照)
※1つのパターンしか変換設定できません。

● 開始桁について、変換したい番号の開始桁を設定します。
(例：A010B1という番号に番号変換設定をしたい場合、1と、5
の開始桁の設定をそれぞれ作成してください。実際にマーク
するときは、11 010 12 1となります。)

●その他の文字に変換する場合

図1

パターン名を入力します。

変換前の数字と変換後の文字を入力して、使用する全ての
パターン分を作成します。

「設定」ボタンをクリックします。

ポイント

①変換後の文字は**全角一文字**もしくは**半角一文字**となります。
②変換前と変換後は同じ文字に設定する事はできません。
③変換前の文字数は、1つのパターン内では全て**同じ数に設定**してください。

「英数変換」パターンの変換表

(アルファベット大文字)
A:11 B:12 C:13 D:14 E:15 F:16 G:17 H:18 I:19 J:20 K:21 L:22 M:23 N:24 O:25 P:26
Q:27 R:28 S:29 T:30 U:31 V:32 W:33 X:34 Y:35 Z:36

(アルファベット小文字)
a:41 b:42 c:43 d:44 e:45 f:46 g:47 h:48 i:49 j:50 k:51 l:52 m:53 n:54 o:55 p:56 q:57 r:58
s:59 t:60 u:61 v:62 w:63 x:64 y:65 z:66

(半角ハイフン)
-:71

(数字)
0:00 1:01 2:02 3:03 4:04 5:05 6:06 7:07 8:08 9:09

5 名簿管理

メイン画面右上の「名簿管理」ボタンをクリックしてください。
名簿は、試験データとテストデータのどちらにも登録できます。試験データに登録すると、直下に作成した全てのテストデータに反映されます。

「名簿管理」画面について

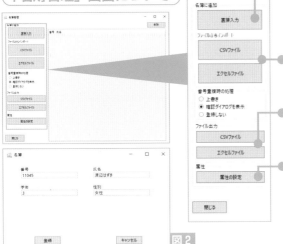

「直接入力」で学生を登録する場合
番号と氏名を入力します。登録後の修正は同画面上のセルをクリックすると修正できます。(図2参照)

「ファイルからインポート」で学生を登録する場合
CSV 形式・Excel 形式の学生の名簿リストを取り込んで登録する事ができます。(図3参照)

「ファイル出力」について
登録した名簿リストを CSV 形式・Excel 形式で出力する事ができます。

「属性の設定」について
番号・氏名の他に、性別など属性を設定する事ができます。(図4参照)

番号と氏名やその他の属性を入力し、「登録」ボタンをクリックします。

図2

「ファイルインポート」画面について

対象シート
ここで学生の名簿が登録されているシート名を選択してください。
※ CSV 形式のファイルの場合は選択できません

登録の属性名
名簿リストの属性と、画面の属性が一致するように選択してください。(例：A 列が年、B 列がクラス、C 列が番号、D 列が氏名、E 列が性別等)

桁数不足の場合、頭に 0 を追加する
チェックを入れると、試験データ・テストデータ作成時に設定した学生番号の桁数に満たない時に、頭に 0 を追加してエラーにならないように登録する事ができます。

図3

番号と氏名の他に、**属性**を新しく設定する事ができます。
「追加」ボタンをクリックし、属性名を入力して「設定」ボタンをクリックしてください。
属性は出力データと出力帳票に反映します。

図4

6 正解配点登録

正解と配点を登録します。
正解配点登録方法は、マーク問題と記述問題の解答欄によって異なります。
①直接入力（マーク問題設定可、一部記述問題設定可）
② Excel ファイルインポート（両方可）
③添削解答欄設定（記述問題のみ可）

● メイン画面右上の「正解配点」ボタンをクリックしてください。

「正解配点登録」画面について

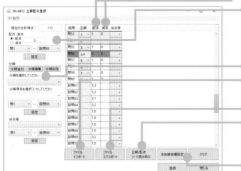

● 直接入力する場合、正解のプルダウンをクリックし番号を指定して、配点の点数を入力します。
● **「配点・減点」について**
問ごとの点数を設定します。問 *〜設問 * まで範囲を指定すると一括で設定する事ができます。
（問→マーク問題、設問→記述問題）
● **「分類」について**（下記参照）
● **「ファイルインポート」について**
データをインポートする方法で登録します。（P78参照）
● 登録した正解配点のファイルを出力します。
● **「正解 / 配点シート読み取り」について**
模範解答のシートを読み込ませ、解答欄を設定します
（P75参照）
● **「添削解答欄設定」について**
添削する解答欄を設定します（P78参照）

分類の設定方法

分類の設定では、設問ごとに**「分野」を登録する**事ができます。
分類は複数のパターンを設定できます。

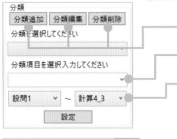

● 分類の登録、編集、削除します。（図5 参照）

● 複数登録した分類の中から選択します。

● 登録した分類の分類項目が表示されます。
設問の範囲を選択し、「設定」ボタンをクリックします。

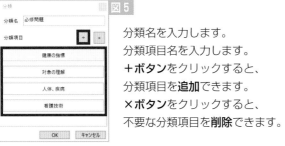

分類名を入力します。
分類項目名を入力します。
＋ボタンをクリックすると、
分類項目を**追加**できます。
×ボタンをクリックすると、
不要な分類項目を**削除**できます。

ポイント

①**分類はパターンとして複数作成する**ことができます。
②**同じ設問に2つの分類項目を設定する**ことができます。
③**採点結果データには、分類ごとの合計得点が出力**されます。

「正解／配点シート読み取り」について（※マーク・記述混在シートのみ）

模範解答にマークした正解シートと、配点とする番号にマークした配点シートを用意します。
「読み取り開始」ボタンをクリックします。

配点シートを用意した場合、チェックをいれます。
シートにマークできる番号の配点のみ、登録することができます。

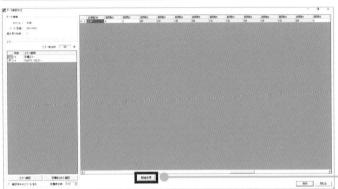

使用しない設問は空欄エラー
複数正解の場合はマルチマークエラーとして表示されますが、このまま登録しても問題はありません。

しっかりマークされているのに空欄エラー、もしくは、マークされていないのにマルチマークエラーになる場合、マーク認識閾値を調整します。
（下記参照）

※正しくマークされているはずなのに、エラーが多数出てしまった場合は、【閾値変更】を必ず行ってください！
【閾値変更】とは？
マークの読み取り基準値を決める設定です。
特に初回の読み取りの場合、正しい基準値になっていないため、エラーが複数出てしまう可能性があります。

「閾値（しきいち）変更」について

閾値変更

しっかりマークされているのに空欄エラー、もしくは、マークされていないのにマルチマークエラー、正しい数字・文字が表示されないフォーマットエラーになる場合、マーク認識閾値を調整します。「データ確認修正」画面下にある「閾値変更」をクリックしてください。（図6参照）

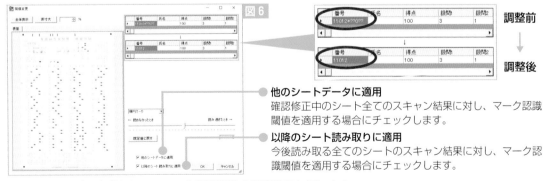

他のシートデータに適用
確認修正中のシート全てのスキャン結果に対し、マーク認識閾値を適用する場合にチェックします。

以降のシート読み取りに適用
今後読み取る全てのシートのスキャン結果に対し、マーク認識閾値を適用する場合にチェックします。

真ん中にあるバーを動かして、マーク認識閾値の調節設定を行います。
しっかりマークされているのに空欄エラーになる場合は、「読めなかったとき」の方向へバーを動かしてください。
マークされていないのにマルチマークエラーになる場合は、「読みすぎたとき」の方向へバーを動かしてください。

フリーフォーマットシートの場合、添削解答欄の設定で、模範解答となる正解シートをここで読み取らせます。
（正解／配点シートと同じ場合は不要）
解答欄の作成方法は2パターンあります。

①自動で設定

「解答欄自動設定」にチェックを入れて「正解シート読み取り」をクリックすると、**黒線の枠内**に模範解答が**赤文字（※必須）**で記入されていれば、自動で解答欄を作成します。

既に「シート読み取り」をしていた場合は、「添削解答欄再設定」をクリックすると、既に読み取られていたシート画像の解答欄を自動で設定します。

②手動で設定

解答欄の上でダブルクリックすると青い枠線で囲われ、解答欄として自動作成されます。またマウスで枠を指定しても作成できます。

※点線や四角形以外の形は自動作成ができません。
※囲い終わると、右枠のリストに**設問の番号**が表示されます。設問を長押ししながら移動させると、設問の順番を変える事もできます。
※一度作成した枠の場所は移動できません。また、枠を重ねて解答欄を作成する事もできません。
※解答枠の太さは0.2〜0.8mm（0.5pt〜2pt）を目安としてください。

表面と裏面の選択

両面シートの場合、正解シート画像の左上にあるタブで切り替えます。
1→オモテ面
2→ウラ面

添削解答欄画面について

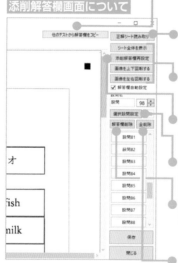

● **他のテストから解答欄をコピー**
他のテストで作成した添削解答欄の設定を呼び出して設定する事ができます。

● **正解シート読み取り**
模範解答となる正解シートをスキャンして読み取らせます。

● **シート画像の表示を変える場合**
シート全体を表示／拡大表示、上下回転と左右回転で画像の表示を変えます。

● **添削解答欄再設定**
一度設定した設問設定を削除し、「解答欄自動設定」により、解答欄を自動で再設定します。

● **選択設問設定**
選択設問の設定ができます。クリックすると、文字認識結果の画面がでるので、設定します。（P78参照）

● **解答欄削除**
解答欄の枠（設問）を削除したい場合、設問番号をクリックして青く選択し、「解答欄削除」ボタンをクリックします。

● **全削除**
設定された解答欄をまとめて削除します。

ポイント

①添削解答欄の設定は、**シート読み取り後は再設定する事ができません。**
必ず、添削解答欄の設定を全て終えてから操作を進めてください。
②**正解シートは、シート読み取り後も読み取り直す事ができます。**
③**シートの印刷では、用紙によって解答欄のずれがないよう、気をつけてください。**

Part
4

設問名を一括で変更する 任意

① 添削解答欄設定画面のツールの中の「設問名ファイルインポート」をクリックします。

↓

② 次の画面で、設問名をタテ1列に入力したExcelファイルを作成し、それを選択して「開く」をクリックします。

↓

③ 設問名が入力された列を指定し、「登録」ボタンをクリックします。

↓

④ 右端の設問名が変更されているか、確認します。

 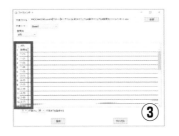

解答欄の認識方向を変更する 任意

① ツールをクリックした中の「添削解答欄自動認識設定」をクリックします。

↓

② 解答欄が認識していく方向の矢印をクリックし、「登録」ボタンを押すと、確認画面が出るので、「はい」をクリックします。

↓

③ Z方向にした場合、オレンジ線の左上からスタートして横に設問認識され、N方向にした場合、青線の右上からスタートして下に設問認識する設定になります。

 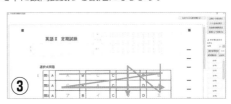

正解配点情報を他のテストで使用する または他のPCで使用する 任意

① 正解配点登録画面の「正解配点情報」をクリックします。

↓

② 「登録してエクスポート」が情報データの出力です。クリックすると、「(テスト名).zisp」ファイルが出力されるので、任意の場所に保存します。

↓

③ 取り込む時は同じく「正解配点情報」の「インポートして登録」をクリックし、「(テスト名).zisp」ファイルを指定するとインポートが完了します。

↓

④ 正解シート・解答欄の枠・設問名・設問の数・配点などの情報が全て反映されている事を確認してください。

選択設問のように、一文字で解答される場合、カタカナ、数字、アルファベット（大文字・小文字）の一文字に限りソフトが自動で採点を行います。

解答欄をダブルクリック、または右枠のリストから設問を選択し、選択設問設定ボタンをクリックすると文字認識の結果が表示されます。（図7参照）

選択設問設定画面

文字認識結果が正しいかを確認します。もし候補の文字以外である場合、上記以外の空欄に文字を入力してください。

設定が完了すると、右枠のリストの設問番号が紫色に変ります。

設定は、Excel ファイルインポートからも登録できます。

● 文字認識の結果が正しいかを確認してください。

ポイント
①選択設問の解答欄は、記入が想定される文字に対して、**必ず2mm程度の余白**をとってください。
②解答欄の幅や高さは、**12mm〜15mm程度**を目安として推奨しています。
③文字が小さすぎると、文字認識できない可能性があります。**最小5mm以上**が理想です。
④選択設問の解答欄の中には、**必ず枠の線や点など別の文字が入らない**ようにしてください。
⑤解答枠の太さは**0.2〜0.8mm（0.5pt〜2pt）**を目安にしてください。

「Excel ファイルインポート」の登録方法

正解配点登録は、Excel ファイルもしくは、CSV をインポートする事でも登録できます。

● インポートするファイル形式を選択します。
マークくん2とは、「らく点マークくんスタンダード」もしくは「らく点マークくんセンター Lite」の事で、これらのソフトで作成した正解配点の Excel ファイル・CSV をインポートする事ができます。

らく点マークくん
スタンダード

らく点マークくん
センター Lite

● **正解について**　※マーク問題のみ設定可
正解となる番号を入力します。2つ以上ある場合は "," で区切ってください。（P74参照）

● **配点について**
点数を入力します。小数点でも設定できます。
（例：〇正解5点、△追加点3点の場合 「5,3」と入力します）

● **採点タイプ**
通常採点以外に、複数マーク全一致, マーク一致ORなど特殊な採点方法がある場合、採点タイプから設定できます。採点タイプの詳細は別途、確認してください。（下記参照）

● **分類について**
設問ごとに分類を登録する事ができます。

採点タイプの設定方法

1つの解答につき〇点という通常採点方法以外にも、様々な採点方法を設定する事ができます。
連番する設問に対して設定する事もできます。設定方法は、<u>ソフトから手動で設定する方法</u>と<u>Excel ファイルをインポートする方法</u>の2パターンです。

記述解答欄の設定画面　**マーク欄（1つの設問）の設定画面**　**マーク欄（連続する設問）の設定画面**

● 設問を青く選択し、右クリックを押すと採点タイプが表示されます。連続で設問を選択すると、複数の設問に設定できる採点タイプが表示されます。

採点タイプ内容詳細（1つの設問）

1つの設問に設定できる採点タイプ

択一（通常採点）　採点タイプ：0
1問ずつ点数を設定する場合。

複数マーク全一致　採点タイプ：7
「1〜5の中から正しいものを二つ選びなさい」というような問題において、一つのマーク欄を用いて解答させる場合。正解と解答が過不足なく、全て一致した場合のみ正解とする。

複数マーク部分一致　採点タイプ：8
「1〜5の中から正しいものを二つ選びなさい」というような問題において、一つのマーク欄を用いて解答させる場合。解答マークのうち正解マークと一致した数に応じて得点を与える。

複数マーク択一　採点タイプ：6
「1〜5の中から正しいものを一つ選びなさい」というような問題において、正解が複数ある場合。解答マークは一つのみ。解答マークがマークの正解マークのどれか一つと一致すれば正答とする。（複数回答は不正解）

マーク一致OR　採点タイプ：13
得点を与える解答マークが複数ある場合。
（例：正解マーク1が5点、3が3点の場合など。）
複数の正解のうちいずれかと一致する場合のみ正答とする。

採点タイプ内容詳細（複数設問・記述解答欄専用・共通）

※採点タイプ一覧表は P103をご確認ください。

複数の設問に設定できる採点タイプ

順不同全一致　採点タイプ：1
「1～5の中から正しいものを二つ選びなさい」というような問題において、連続する複数のマーク欄を用いて解答させる場合。正解と解答が過不足なく全て一致した場合にのみ正解とする。

順不同部分一致　採点タイプ：2
「1～5の中から正しいものを二つ選びなさい」というような問題において、連続する複数のマーク欄を用いて解答させる場合。解答マークのうち正解マークと一致した数に応じて得点を与える。

連続一致　採点タイプ：3
「1～5の中から正しいものを二つ選びなさい」というような問題において、連続する複数のマーク欄を用いて解答順も指定させる場合。正解と解答が過不足なく、順序含め全て一致した場合にのみ正解とする。

連続一致 OR　採点タイプ：5
連続一致での採点において、正解が複数ある場合。（例：角ABC 角EFG のどちらでも正解の場合など、連続一致と同じ方式で、複数の正解のうちいずれかと一致する場合のみ正答とする。

順不同部分一致正解数に応じて　採点タイプ：4
「1～5の中から正しいものを一つ選びなさい」というような問題において、連続する複数のマーク欄を用いて解答させる場合。正解と一致した個数に応じて得点を与える。正解の並び順は異なってもよい。

記述解答欄専用の採点タイプ

通常採点 / 選択設問採点　採点タイプ：16
○、△、×の採点によって正解にする。

加点方式　採点タイプ：17　※有料版のみ設定可
採点基準を元に、点数を加算する方式。

減点方式　採点タイプ：18　※有料版のみ設定可
採点基準を元に、点数を減算する方式。

共通の採点タイプ

全員正解　採点タイプ：9
解答内容を問わず（空欄でも）正解にする。

解答者全員正解　採点タイプ：10
解答している場合は、正解にする。（空欄は不正解）

空欄正解　採点タイプ：14
解答欄が空欄の場合のみ、正解にする。

スキップ　採点タイプ：11
解答内容を問わず（空欄でも）配点・減点をしない。

正解配点インポート用Excelファイルについて

インポートする正解配点の Excel ファイルは、下図のように作成してください。

マーク解答欄

複数解答の場合は「,」で区切る。

複数の連続する問に採点タイプを設定する場合、配点と採点タイプは先頭行にのみ入力する。

記述解答欄

加点、減点方式の場合、採点基準の理由を｜で区切る。（加点・減点方式の詳細はP81参照）

加点方式の場合は＋○とし、｜で区切る、正解は「,」で区切る。減点方式の場合は－○とする。

○正解と△追加点を「,」で区切る。（※追加点がない場合は「,0」とする）

記述解答欄（選択設問）

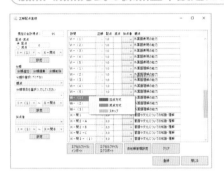

	A	B	C	D
1	設問	正解	配点	採点タイプ
62	設問61	ア	1,0	16
63	設問62	イ	1,0	16
64	設問63	ウ	1,0	16
65	設問64	エ	1,0	16
66	設問65	オ	1,0	16

● 選択設問の解答とする文字を入力します。
設定できる文字は、カタカナ・数字・アルファベットです。
カタカナは全角、数字は半角、アルファベットは半角で
入力してください。

加点・減点方式の採点基準設定について ※有料オプション

採点方法について、加点・減点方式の採点基準を設定できます。

加点方式とは、
採点基準を元に、点数を加算する方式で採点する設定です。
主に数学の証明の問題などで利用できます。

減点方式とは、
採点基準を元に、点数を減算する方式で採点する設定です。
主に英語の記述の問題などで利用できます。

加点方式

配点は、その設問が満点となり、採点で「○
（正解）」とした場合の配点となります。

（例）9点が持ち点だとすると、採点で「○（正解）」
とした場合、採点基準を全て満たしている状
態となり9点満点
1つめの採点基準を満たした場合、"5点"
1つめと2つめの採点基準を満たした場合、
"8点「△（完全な正解ではない）」"という配
点方法になります。

減点方式

配点は、持ち点となります。「○（正解）」とした場合、持
ち点がそのまま配点されます。「×（不正解）」とした場合、
持ち点がそのまま0となり減点となります。
※採点基準の「不正解」は×と同じ

（例）5点が持ち点だとすると、採点で「○（正解）」とした場合、
"5点満点"
採点で「×（不正解）」とした場合、"−5点"
1つめの採点基準（上記の場合、スペルミス）とした場合、
持ち点5点から−1点が引かれ"4点「△（完全な間違いでは
ない）」"という配点方法となります。
持ち点がマイナスの値となった場合、"0点「×（不正解）」"
になります。

7 シート読み取り

メイン画面右上の「シート読み取り」ボタンをクリックしてください。

注意

画像処理の関係上シート読み取りが長時間かかる可能性があります。
他の作業との兼ね合いをみて、操作してください。

「シート読み取り」画面について

フォルダ読み取り中と表示された画面が表示されます。ここでスキャンを開始すると、読み取りに問題がなければ、**画像処理件数**と、**正常読み取り件数**が上がります。マークシートの枚数分の件数が上がったら、「読み取り停止」ボタンをクリックし「閉じる」ボタンをクリックしてください。

読み取りに問題があると、**読み取りエラー件数**が上がってしまいます。読み取りエラーとなってしまったマークシート画像は、集計処理ができないため、問題を解決し再度スキャンと読み取り直しが必要になります。
「読み取り停止」ボタンをクリックすると、**赤文字でエラー内容**が表示されます。（図8参照）

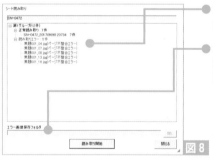

図8

● エラー内容について
赤文字で表示されます。

● エラー画像保存フォルダについて
読み取りエラーとなった画像が保存されており、画像を見て以下に該当しないかを確認してください。
・正常な向きか
・カラーで読み取れているか
・余白が出ていないか
（P84-85参照）

シート読み取り・集計の仕組み

監視フォルダ【ScanTmp】にJPEG・カラーの設定でスキャンしたシート画像を保存し、ソフトウェアが＜フォルダ読み取り中＞の画面に移ると、シート画像をソフトがデータ処理する事ができます。
★スキャナもしくは複合機の設定で、スキャンしたシート画像の保存先を、マイドキュメント内の監視フォルダ【ScanTmp】に設定するとスムーズに操作することができます。シート画像を別のフォルダに保存し、コピーまたは切り取りで監視フォルダ【ScanTmp】に入れる方法でも同様の操作になります。スキャンしたシート画像は一つのフォルダにまとめず、そのまま監視フォルダ【ScanTmp】に保存してください。

8 データ確認・修正

シート読み取り後、エラー箇所を修正します。エラー修正が完了しないと、正しく結果データや帳票が出力されない事があります。

● メイン画面右上の「データ確認・修正」ボタンをクリックしてください。

● （補足）
メイン画面右上の「シート読み取り」ボタンをクリックすると、後から追加でシートを読み取りする事ができます。

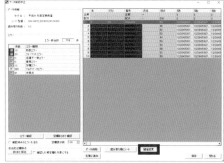

※正しくマークされているはずなのに、右図のようにエラーが多数出てしまった場合は、【閾値変更】を必ず行ってください！

【閾値変更】とは？
マークの読み取り基準値を決める設定になります。特に初回の読み取りの場合、正しい基準値になっていないため、複数エラーが出てしまう可能性があります。

「閾値（しきいち）変更」について

閾値変更

しっかりマークされているのに空欄エラー、もしくは、マークされていないのにマルチマークエラー、正しい数字・文字が表示されないフォーマットエラーになる場合、マーク認識閾値を調整します。「データ確認修正」画面下にある「閾値変更」をクリックしてください。（図9参照）

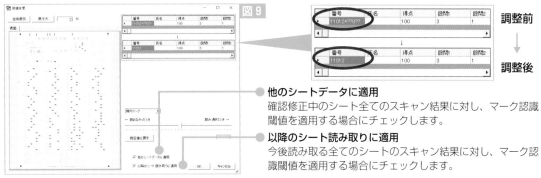

● 他のシートデータに適用
確認修正中のシート全てのスキャン結果に対し、マーク認識閾値を適用する場合にチェックします。

● 以降のシート読み取りに適用
今後読み取る全てのシートのスキャン結果に対し、マーク認識閾値を適用する場合にチェックします。

真ん中にあるバーを動かして、マーク認識閾値の調節設定を行います。
しっかりマークされているのに空欄エラーになる場合は、「読めなかったとき」の方向へバーを動かしてください。
マークされていないのにマルチマークエラーになる場合は、「読みすぎたとき」の方向へバーを動かしてください。

「データ確認修正」画面について

読み取りが終わったらデータ確認とエラー個所の修正作業を行います。エラー修正が完了しないと、正しく結果データや帳票が出力されないことがあります。

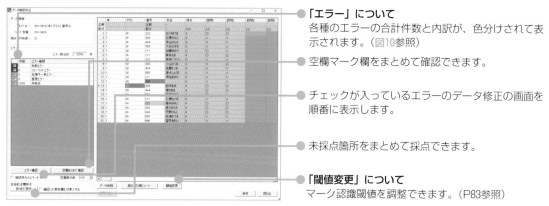

● **「エラー」について**
各種のエラーの合計件数と内訳が、色分けされて表示されます。（図10参照）

● 空欄マーク欄をまとめて確認できます。

● チェックが入っているエラーのデータ修正の画面を順番に表示します。

● 未採点箇所をまとめて採点できます。

● **「閾値変更」について**
マーク認識閾値を調整できます。（P83参照）

「マークエラー」について

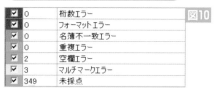

図10

エラーになっているマーク欄には色が付きます。その箇所をダブルクリックすると、マーク欄の画像を見ながら修正する事ができます。マークエラーの種類ごとに件数が表示されます。

桁数エラー 番号がソフトに設定した桁数と異なっている場合。
フォーマットエラー 番号に「*」や「?」マークなど使用できない文字が含まれている場合。
名簿不一致エラー マークされている番号が名簿に登録されていない場合。
重複エラー 同じ番号のマークシートが2つ以上存在している場合。
空欄エラー マークがされていない場合、又はマークが薄いため認識できていない場合。
マルチマークエラー 択一マークに設定している箇所に複数マークされている場合。
未採点 採点が終わってない場合。

各種エラーの修正について

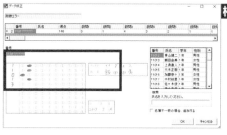

桁数エラー

番号欄に正しい番号を入力し直し、「OK」をクリックします。また、右側の名簿リストから正しい番号を選んでダブルクリックすると、修正されます。

名簿に追加登録する場合は「□名簿不一致の場合、追加する」にチェックを入れて、「OK」をクリックします。番号を修正する場合は、番号欄に正しい番号を入力し直してから「OK」をクリックします。

名簿不一致エラー

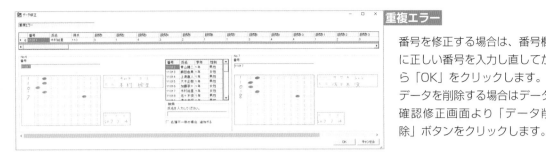

重複エラー

番号を修正する場合は、番号欄に正しい番号を入力し直してから「OK」をクリックします。データを削除する場合はデータ確認修正画面より「データ削除」ボタンをクリックします。

マルチマークエラー

チェックが入っている選択肢がマークされている箇所になります。修正する場合はチェックを外し「OK」をクリックします。修止しない場合は、そのまま「OK」をクリックします。

フォーマットエラー

桁数は合っているが、数字や文字が「*」や「?」で表示される場合、フォーマットエラーとして検出されます。正しくマークが認識されていないため、閾値調整で修正します。（P83参照）

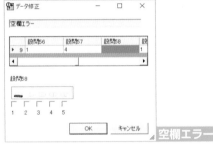

空欄エラー

チェックが入っていない選択肢が空欄箇所になります。修正する場合はチェックを入れ「OK」をクリックします。修正しない場合は、そのまま「OK」をクリックします。

未採点

未採点箇所の採点を終えると、エラーの表示が消えます。

「空欄まとめて確認」画面について

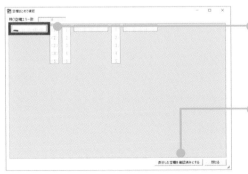

● ごくまれに、マークされているのに空欄エラーとして検出される事があります。その場合は、画像をダブルクリックすると空欄エラーのデータ修正画面が表示されるので、修正してください。

● 画面に表示された箇所が全て確認済みとなり、次の空欄画像が表示されます。

⑨ 採点

記述解答欄を採点します。採点方法は、キーボードを打ち込む方法と、マウスでクリックして採点する方法の2パターンあります。

- データ確認・修正画面の「まとめて採点」からも採点画面に移ります。

- メイン画面右上の「採点」ボタンをクリックしてください。

「まとめて採点」画面について

- 画像の表示の濃さを変更します。
  - ・解答欄ごと…ソフトで薄いと判断した解答が、濃く表示されます。（◆マークの解答）
  - ・使用する…全部の解答が濃く表示されます。
  - ・使用しない…変更なし。

- 「○」や「×」マークをつけるキーボードの記号を割り当てます。（図11参照）

- 採点する進行方向を変えます。

- 「○,×,△,未採点」と「青,赤,緑,黄,付箋なし」のチェックの付け外しで、解答を表示と非表示を切り替えられます。チェックを外すと、該当しない解答は表示されなくなります。

- キーボードの「R」キーを押すと未採点状態に戻ります。

- 解答ごとに4色の付箋を付ける事ができます。

- 添削モードでは、一つの解答欄が表示され、文字など入力できる画面に切り替わります。（P87-88参照）

- 「○（正解）」「×（不正解）」「△（追加点）」をつけます。○は正解配点登録で設定した点数が付き、×は0点です。追加点を変更する場合、△の隣の枠に数字を入れて、△をクリックします。「未採点一括変換【正解にする】」は、未採点の解答を、まとめて「○（正解）」とします。

【キーバインディング】

キーボードで入力する記号キーの割り当てを変更できます。割り当てが変更されると、ボタンに表示される記号も自動的に変更します。

【右クリック採点】

（右クリックによる採点）

マウスの右クリックで、「○正解」とするか「×（不正解）」するかを決める事ができます。「未採点一括変換」では、右クリック採点とは逆の採点になります。

（採点済みの解答欄）

既に採点されている解答の上で右クリック採点をした際、確認メッセージを表示させるかどうかを決めます。

「添削モード」画面について

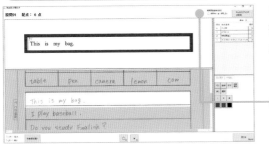

この画面では、絵・文字・記号・正解画像を解答欄に書き込み、貼り付けする事ができます。添削内容は採点結果 PDF に反映されます。採点も同時に行うことができます。

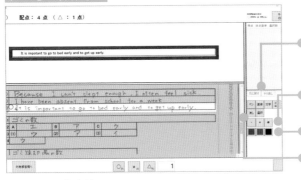

● 添削モード画面内で、画像の表示の濃さを変更します。
　・使用する…全部の解答が濃く表示されます。
　・使用しない…変更なし。

「ペン」の操作方法

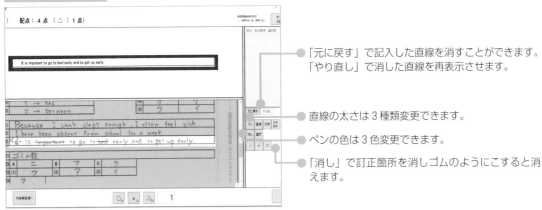

● 「元に戻す」で記入したペンを消すことができます。「やり直し」で消したペンを再表示させます。

● ペンの太さは 3 種類変更できます。

● ペンの色は 3 色変更できます。

● 「消し」は 3 種類の太さに変更できます。訂正箇所を消しゴムのようにこすると消えます。

＜ペンの入力方法＞
【ペン】ボタンを青く選択します。記入できるのは、画面下から半分のグレーの部分と選択されている解答欄部分です。マウスまたはペンタブで、解答用紙に書き込みたい文字・絵・記号などを書いてください。キーボードの「＋」キーを押すと画面が拡大、「－」キーを押すと画面が縮小します。【対象解答欄へ】を押すと、グレーの画面内の選択されている解答部分に移動します。解答欄の外（グレーとなっている箇所）にも、文字を記入する事ができます。　※「まとめて採点」時には、解答欄外となりますので、表示されません。

「直線」の操作方法

● 「元に戻す」で記入した直線を消すことができます。「やり直し」で消した直線を再表示させます。

● 直線の太さは 3 種類変更できます。

● ペンの色は 3 色変更できます。

● 「消し」で訂正箇所を消しゴムのようにこすると消えます。

＜直線の入力方法＞
【直線】ボタンを青く選択します。記入できるのは、画面下から半分のグレーの部分と選択されている解答欄部分です。十字のカーソルに切り替わりますので、直線を引きたい箇所からマウスを長押しし、終わる箇所でマウスを離してください。

「文字」の操作方法

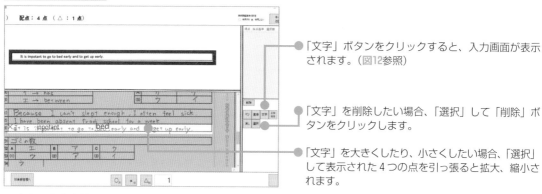

● 「文字」ボタンをクリックすると、入力画面が表示されます。（図12参照）

● 「文字」を削除したい場合、「選択」して「削除」ボタンをクリックします。

● 「文字」を大きくしたり、小さくしたい場合、「選択」して表示された4つの点を引っ張ると拡大、縮小されます。

＜文字の入力方法＞
【文字】ボタンを青く選択します。入力できるのは、画面下から半分のグレーの部分と選択されている解答欄部分です。十字のカーソルに切り替わるので、文字を入力した箇所にあわせてクリックをしてください。

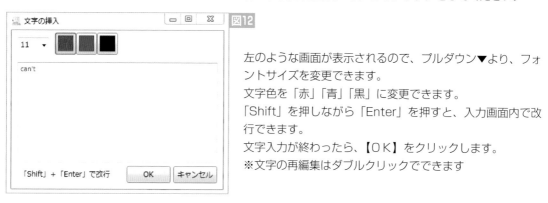

図12

左のような画面が表示されるので、プルダウン▼より、フォントサイズを変更できます。
文字色を「赤」「青」「黒」に変更できます。
「Shift」を押しながら「Enter」を押すと、入力画面内で改行できます。
文字入力が終わったら、【ＯＫ】をクリックします。
※文字の再編集はダブルクリックでできます

「正解画像」の操作方法

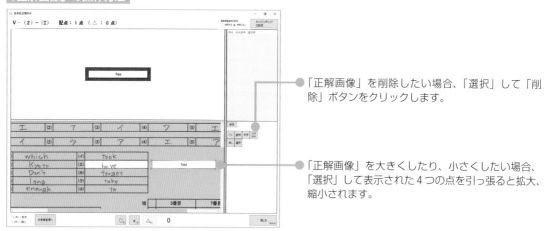

● 「正解画像」を削除したい場合、「選択」して「削除」ボタンをクリックします。

● 「正解画像」を大きくしたり、小さくしたい場合、「選択」して表示された4つの点を引っ張ると拡大、縮小されます。

＜正解画像の挿入・大きさ変更方法＞
【正解画像】ボタンを青く選択します。十字のカーソルに切り替わりますので、画像を貼り付けたい箇所にあわせてクリックしてください。四つの点を引っ張ると画像を拡大・縮小する事ができます。

加点方式・減点方式の採点 ※有料オプション

加点・減点方式の採点は、添削モードでの採点になります。まとめて採点では操作ができません。

加点方式

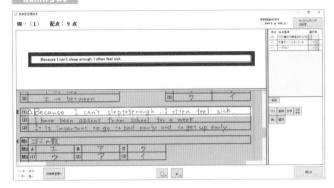

右上の枠に得点と採点基準が表示されます。選択数の「+」をクリックすると、加点する数を設定できます。加点方式の場合、選択数は満点の範囲で選べます。全ての採点基準を追加すると、〇（正解）と同じ点数になります。

解答欄の中央に得点が表示されるので、選択しながら位置を調整する事ができます。（得点表示を削除する場合は「削除」ボタンをクリックします）

減点方式

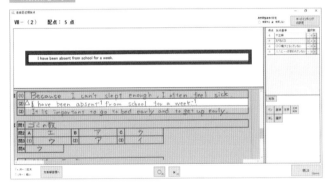

右上の枠に得点と採点基準が表示されます。選択数の「+」をクリックすると、減点する数を設定できます。
減点方式の場合、選択数は持ち点の範囲内で選択できます。全て追加しないと、不正解なしとなり「〇」と同じ点数になります。

解答欄の中央に得点が表示されるので、選択しながら位置を調整する事ができます。（得点表示を削除する場合は、「削除」ボタンをクリックします）

⑩ 採点結果表示

メイン画面の「採点結果表示」ボタンをクリックすると、採点結果が表示されます。

採点結果画面からは、表示されているデータを CSV もしくは Excel ファイルとして出力する事ができます。

「採点結果」画面について

「得点を表示」の画面

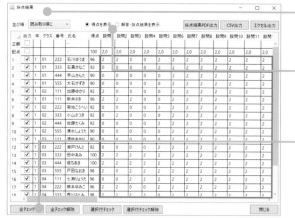

一覧の並び変えをする事ができます。

「得点を表示」、「解答・採点結果を表示」で表示方法を切り替えます。変更内容は出力データにも反映されます。

出力する学生にチェックをいれます。全ての行や選択している行のチェックを一括で付け外しできます。

「解答・採点結果を表示」の画面

表示されている採点結果を、Excel ファイルまたは CSV 形式で出力します。得点か解答・採点結果で出力するかは、表示を切り替えてから出力してください。

採点結果の答案用紙を PDF ファイルとして出力できます。1つのファイルに結合するか、1人分毎に出力するかを選ぶことができます。(図13参照)

11 帳票出力（有料オプション機能）

採点した結果を帳票として出力します。
帳票出力は試験とテストのどちらからもデータ出力する事ができます。

● メイン画面でテストもしくは試験を選択し、「帳票出力」ボタンをクリックします。

帳票出力ボタンがクリックできない場合
シートが読み取りされていない、名簿リストが登録されていない、ライセンスキー登録がされていない可能性があります。ライセンスキーの登録は P69 を確認してください。

テストの帳票出力画面

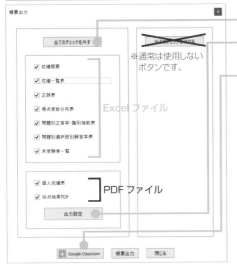

①テストの帳票出力

● 全てのチェックを一度に外せます。

● どの帳票・どの人・どのクラスを出力するか、選択できます。
（P94参照）

● Google Classroom を経由して、帳票が返却できます。
（P95参照）

ポイント

①「帳票出力」ボタンをクリックすると、出力を途中で止める事ができません。
②読み取ったデータが一度に出力されるため、データ量が多い場合、出力に時間がかかる可能性があります。

成績概要 全体と属性ごとの配点、人数、平均点、得点率、標準偏差、最高点、最低点を出力します。分類登録をされている場合、分類ごとでも出力されます。※標準偏差とは？：データや確率変数の散らばり具合（ばらつき）を表す数値です。

成績一覧表 配点と全受験者の人数、総合と分類ごとの平均点、得点率、標準偏差と各個人の順位、得点、得点率、偏差値を一覧表として出力します。登録した属性も表示されます。

正誤表 ○×表と SP 表の2種類が出力され、○×表では学生を番号順、設問を番号順に並べ、正誤を○×で表示します。SP 表では学生を成績順、設問を正答率順に並べ、正誤を○×で表示します。

得点度数分布表 得点による人数の比率が表とグラフで出力されます。属性ごとの得点度数分布表も出力でき、全体と自分を比較したグラフを出力できます。

問題別正答率識別指数表 ある問題の正誤が、そのテストの成績上位グループと成績下位グループとの間でどのように分布しているかを表す数値です。

問題別選択肢別解答率表 各問題ごとの選択肢別の人数と比率が出力されます。属性を登録されている場合、属性ごとの表も出力されます。

未受験者一覧 登録した名簿リストの未受験者の一覧が出力されます。

個人成績表 ①全体の結果概要 ②総合分野別結果 ③得点率度数分布表 ④総合分野別得点率グラフ ⑤正誤表が帳票として出力されます。

採点結果 PDF 採点結果の答案用紙を PDF ファイルとして出力できます。1つのファイルに結合するか、1人分毎に出力するか選べます。

個人成績表出力設定ついて

誰の帳票を出力するかなど、個人成績表の出力範囲を設定します。

個人成績表の出力設定画面

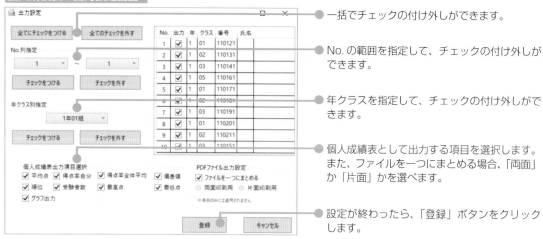

● 一括でチェックの付け外しができます。

● No.の範囲を指定して、チェックの付け外しができます。

● 年クラスを指定して、チェックの付け外しができます。

● 個人成績表として出力する項目を選択します。また、ファイルを一つにまとめる場合、「両面」か「片面」かを選べます。

● 設定が終わったら、「登録」ボタンをクリックします。

試験の帳票出力画面

②試験の帳票出力

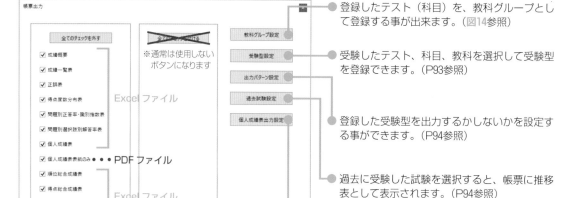

● 登録したテスト（科目）を、教科グループとして登録する事が出来ます。（図14参照）

● 受験したテスト、科目、教科を選択して受験型を登録できます。（P93参照）

● 登録した受験型を出力するかしないかを設定する事ができます。（P94参照）

● 過去に受験した試験を選択すると、帳票に推移表として表示されます。（P94参照）

● どの学生の帳票を出力するかを設定できます。（上図参照）

順位総合成績表 試験データに登録した受験型ごとの、全受験者の順位を表にしたものです。
得点総合成績表 試験データに登録した受験型ごとの、全受験者の得点を表にしたものです。
偏差値総合成績表 試験データに登録した受験型ごとの、全受験者の偏差値を表にしたものです。

教科グループ設定ついて

作成したテストデータを科目とみなし、科目をまとめた教科グループを作成する事ができます。科目と教科を組み合わせて、受験型を設定するために、教科グループ設定が必要になります。

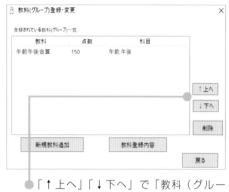

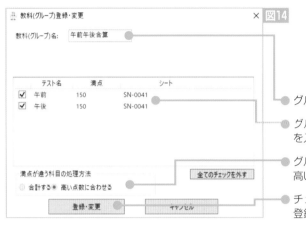

図14

「↑上へ」「↓下へ」で「教科（グループ）」の順番を入れ替えることができます。

● グループの名称を入力します。

● グループとしてまとめたいテスト（科目）にチェックを入れます。

● グループ化するテストの満点が違う場合、合計するか、高い点数に合わせるかのどちらかの処理方法を選べます。

● チェックを入れ終えたら登録・変更ボタンを押して、登録します。

受験型設定について

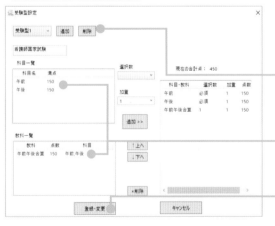

受験型設定をすると、受験型ごとの結果が帳票に反映します。「個人成績表」で出力される受験型は4つまでとなります。

● 登録する受験型の番号が表示されます。下の枠に受験型の名称を入力してください。追加ボタンを押すと、新しい受験型が追加できます。削除ボタンを押すと削除されます。

● 登録した科目・テスト、教科を選択し、選択数や加重などを設定して「追加＞＞」ボタンをクリックします。（下記参照）

● 右側のボックスに科目・テスト、教科が入ったら、「登録・変更」ボタンをクリックします。

科目一覧について

教科一覧について

科目を選択すると、選択数は「必須」となります。また加重を設定する事ができます。（例：150点を100点換算にする場合、加重を「2/3」とする）教科を選択すると、教科として登録した科目・テストの選択数が選べます。選択問題がある場合など、設定してください。

出力パターン設定について

出力パターン設定では、「順位総合成績表」、「得点総合成績表」、「偏差値総合成績表」に出力したいデータを選択する事ができます。
初期設定では全てのデータが出力される事になっているので、不要なデータを削除してください。

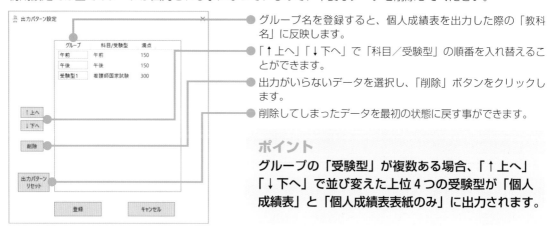

● グループ名を登録すると、個人成績表を出力した際の「教科名」に反映します。

● 「↑上へ」「↓下へ」で「科目／受験型」の順番を入れ替えることができます。

● 出力がいらないデータを選択し、「削除」ボタンをクリックします。

● 削除してしまったデータを最初の状態に戻す事ができます。

ポイント

グループの「受験型」が複数ある場合、「↑上へ」「↓下へ」で並び変えた上位4つの受験型が「個人成績表」と「個人成績表表紙のみ」に出力されます。

過去試験設定ついて

過去試験設定をすると、帳票の個人成績表の成績推移表に反映されます。

● 過去の試験データが表示されるので、出力したいデータにチェックを入れます。

ポイント

①同じ受験番号に該当する学生の個人成績表に反映します。
②データを選択できるのは、最大4つまでです。

個人成績表出力設定について

個人成績表出力設定では、出力したい学生を選択する事ができます。

● 「個人成績表」または「個人成績表表紙のみ」のデータを出力したい学生のチェックを入れ、OK ボタンをクリックします。

Google Classroom 帳票アップロードについて

「帳票出力」画面を開き、一番下部にある、「Google Classroom」ボタンをクリックします。

※オプションのライセンスキー登録をしていないと、表示がされません。また、ソフトのバージョンは最新にしてください。

インターネットブラウザが開き、「アカウントの選択」画面が表示されるので、該当のアカウントを選択し、パスワードを入力します。

①と②の画面、いずれもリクエスト内容を確認し、「許可」ボタンをクリックします。

デジらく採点2のソフトに戻り、左図の画面がでてきたら、アップロードしたいクラスにチェックを入れて「次へ」ボタンをクリックします。

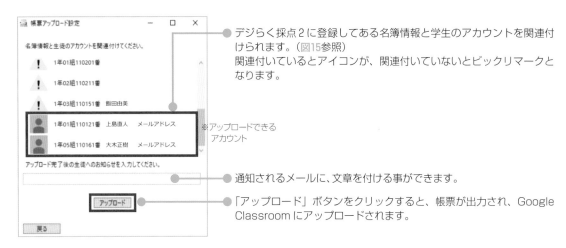

● デジらく採点2に登録してある名簿情報と学生のアカウントを関連付けられます。(図15参照)
関連付いているとアイコンが、関連付いていないとビックリマークとなります。

● 通知されるメールに、文章を付ける事ができます。

● 「アップロード」ボタンをクリックすると、帳票が出力され、Google Classroom にアップロードされます。

学生側の画面

Google Classroom に帳票をアップロードすると、学生に先生からのお知らせが届きます。学生は採点結果や成績表を見る事ができます。

採点結果 PDF

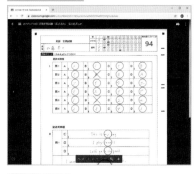

個人成績表

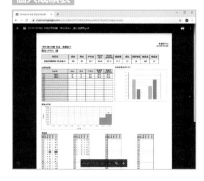

関連付けの条件は、以下の通りです。いずれかに該当すると、関連付けされた状態となります。
(1)名簿の属性として登録された「メールアドレス」
(2)メールアドレス(@の前)と名簿の番号の値
(3)学生の Google のアカウント名とデジらく採点の名簿の氏名

[12] 分散採点（有料オプション機能）

分散採点とは、複数名で採点作業を行える機能です。メインライセンスを登録する PC が 1 台・その他の採点者はサブライセンスの登録となり、人数にあわせて PC を用意します。

●メインライセンス PC の設定 ※必ずサブライセンス PC の設定より先に行ってください

データ保存先設定について

メイン画面より【ツール】→【データ保存先設定】をクリックしてください。
データ保存先設定画面より【参照】をクリックし、**ネットワーク上にあるフォルダ**を指定します。

※ネットワーク上のフォルダは、メインライセンスユーザーとサブライセンスユーザーがどちらもアクセスできるフォルダである必要があります。

青く選択をして、【OK】ボタンをクリックします。

データ保存先設定とは？

複数名で採点作業する場合、ソフト内のデータの保存場所を同じ場所にする必要があります。
データの保存場所を同じ場所にするには、PC 同士がネットワーク共有されていて、データのやりとりができる必要があります。また、データ保存先をソフトで指定するには、メインライセンスユーザー・サブライセンスユーザーが使用する PC が共に、ネットワークドライブへの割当が必要になります。
※ネットワークドライブへの割り当て方法は、P99をご覧ください。

次に採点者を登録します。
お渡ししたサブライセンスキーのタイトル名がライセンスコードとなります。

採点者の管理画面について

メイン画面より【ツール】→【採点者の管理】をクリックしてください。
採点者の管理画面より【＋】をクリックします。
「採点者名」とサブライセンスキーファイルの「ライセンスコード」を入力し、【OK】をクリックします。
サブライセンスユーザー情報の登録が終わりましたら、【閉じる】をクリックしてください。

※登録する採点者名が重複していると登録できません。
※登録するライセンスコードが重複していると、登録できません。

採点範囲の設定

採点者の採点範囲を設定します。

設問につき複数名を設定する場合（クラスごとで採点範囲を設定する場合）

● メイン画面の「採点者設定」ボタンをクリックしてください。

※こちらの設定は、必ずシート読み取り後に行ってください。
※正解配点登録より採点者を設定していると、そのデータも
　採点者設定画面に反映されます。

採点者を設定する範囲を、マウスでドラッグして青く選択します。
左側の枠の採点者にチェックを入れ、【採点者を設定】をクリックします。

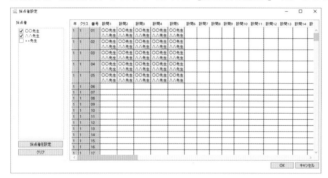

ポイント
①設定前には、採点者の登録を終
　えてください。
②メインライセンスの採点者は登
　録の必要がありません。
③サブライセンスが採点を終えた
　後、再度採点者登録をすると、
　未採点状態に戻ります。

●サブライセンス PC の設定

設定手順
①ネットワークドライブの割り当てを行います。（詳しくは下記参照）
※メインライセンスを登録した PC のフルパス（ドライブ大文字）は、メインライセンスを登録したものと異
　なっていても問題はありません。
②デジらく採点 2 をインストールします。
③サブライセンスを登録します。
④データ保存先をメインライセンス PC と同じ、ネットワーク上のフォルダに設定します。

サブライセンス PC の操作について

サブライセンス PC では、「データ確認修正」と「採点」の操作ができます。（操作方法は P83 〜 85をご確認ください）　※それ以外の操作はできないようになっています。

ネットワークドライブの割り当て方法

「PC」もしくは「コンピューター」を開き「ネットワークドライブの割り当て」をクリックします。
「参照をクリックし、設定する共有ネットワークフォルダーを選択します。
※資格情報の入力が表示されたら、ユーザー名とパスワードを入力してください。完了すると「ネットワークフォルダー名（アルファベット一文字 :）」というフォルダが表示されるようになり、データの保存場所が設定できるようになります。
※データの保存場所の設定方法は、P70をご覧ください。

注意事項

《サブライセンスについて》

・採点者一人につき、１つのライセンスです。
・メインライセンスユーザーが「採点者の管理」より、サブライセンスユーザー情報を登録してから操作ができます。
※上記の登録がされていないと、「データにアクセスできません。」との表示が出ますので、メインライセンスユーザーに登録をお願いしてください
・サブライセンス PC では、「データ確認・修正」、「採点」機能のみ利用できます。

《操作について》

・サブライセンス PC の採点は、メインライセンスユーザーが採点範囲を設定した設問のみ採点できます。
・採点作業が終わったら、必ず【保存】をしてください。
・採点作業は、メインライセンスユーザー・サブライセンスユーザー同士、同時に行っても問題ありません。

《その他》

・サブライセンスユーザーがログイン状態のままとなってしまった場合、メインライセンスユーザーが作業を終了させる事ができます。
　（例）サブライセンスユーザーが採点中のまま PC を離れ、そのまま帰宅してしまった場合
　　　　バッテリー切れなどにより PC がシャットダウンしてしまった場合
　メインライセンスユーザーが、メイン画面＞ツール＞採点作業確認より、作業を終了させるサブライセンスを選択し、【×】をクリックして採点作業中状態をクリアしてください。

13 採点結果統合（有料オプション機能）

複数名の採点により、複数の採点結果が出てしまった場合、どの採点者の採点結果を採用するか、選ぶ必要があります。採点結果統合では、どの採点結果を採用するか、選択する操作になります。

メイン画面の「採点結果統合」ボタンをクリックしてください。

※こちらの設定は、必ず全員（メインライセンスユーザーも含め）の採点操作が終了してから行ってください。

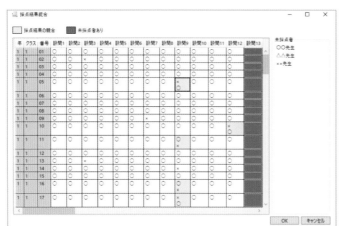

複数名の採点結果が表示されるので、未採点箇所がないか、採点結果が複数ある箇所がないかを確認してください。未採点者がいる場合、緑色で表示され、右側の枠に採点者の名前が表示されます。採点結果の統合が必要な場合、黄色セルで表示されます。

※未採点者がいる‥‥緑色
　複数の採点結果がある‥‥黄色

採点結果の競合

採点結果を比較し、採用する採点結果に黒丸をいれます。

OK ボタンをクリックすると、採点結果として選択されます

採点結果統合後は、データ出力操作（採点結果表示、帳票出力）を行ってください。

14 こんな時は（困った時はまず、確認してみてください。）

スキャン画像条件

・シートは四隅の内１つがカットされています。画像ではカット位置が必ず左下になるようスキャンしてください。また、斜め・折れ・余白・黒枠が無いようにスキャンしてください。画像のカット位置が左下以外になっている場合や斜め・折れ・余白・黒枠があると読み取りエラーとなり集計できません。

・画像の解像度を200dpi の設定にしてください。

JPEG、カラー、正位置

良い例

カット部分は
左下→

悪い例

×黒枠

×余白

×斜め

フォルダ読み取り中に、画像処理件数が増えない

TWAIN 方式や ScanSnap 自動連携を使用していない場合、スキャナの画像保存先と監視フォルダの場所が一致していないと処理件数が増えません。

対策 監視フォルダをスキャナの画像保存先と同じ場所に設定してください。デジらく採点２のメイン画面の、「ツール→読み取り設定→スキャナとの連携方法及びフォルダの指定」で確認及び設定ができます。

読み取りエラーが出た場合の対処方法

「シート読み取り」画面で読み取りエラー件数が増えてしまった場合、監視停止をクリックすると読み取りエラーの種類が赤文字で表示されます。

型番認識エラー

テスト作成で設定したシート型番と違う型番のシートをスキャンした場合に型番認識エラーとなります。
またシート画像のカット位置が左下以外になっている場合、型番認識エラー（もしくは補正点取得エラー）となります。

対策 誤ったシート型番を選択してしまった場合は、テスト情報変更より設定し直してください。

対策 スキャナ・複合機より画像の向きを「自動回転」がされない設定に変更するか、または、スキャナ・複合機にシートをセットする向きを確認してください。

補正点取得エラー

シートの四隅の黒い四角が正常にスキャンできなかった場合や画像のカット位置が左下以外の場合に補正点取得エラーになります。

対策 エラー画像の四隅の汚れを画像編集ソフト（ペイント等）で消してください。

対策 シートが折れていた場合等は、直して再度投票シートのスキャンしてください。

対策 シート画像のカット位置が左下になるように読み取ってください。

ページ不整合エラー

両面シートの読み取りで表裏が逆や、片面の画像が読めなかった場合にページ不整合エラーになります。

対策 すべてのシートの表裏が揃っている事を確認してください。

対策 スキャナへのシートのセット方法を確認し、正しくセットしてください。

対策 スキャナの設定が両面スキャンする設定になっているかを確認し、両面スキャンする設定にしてください。

画像変換エラー

画像ファイルが壊れていて、画像ファイルが開けなかった場合に画像変換エラーになります。

対策 もう一度画像ファイルの作成を行ってください。

読み取りエラーとなってしまった場合、「監視停止中」画面下にエラー画像保存フォルダが表示されますので、「開く」からエラーになったシート画像の確認をする事ができます。

自由記述欄採点（まとめて採点）画面に画像が表示されない

まとめて採点画面に画像が表示されない場合、フィルタのいずれかにチェックが入った状態になっている場合があります。

対策 フィルタの項目全てにチェックを入れてください。

Part
4

○△×の表示を大きく中央に表示させたい／または小さく端に表示させたい

記号の表示を手書き風にしたい

対策 メイン画面のツール内にある「採点記号（○×△）の設定」から変更できます。

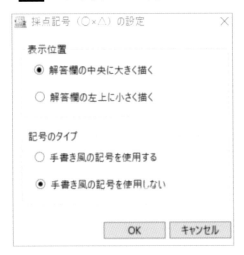

シートへの解答欄の印刷時の注意事項

正解シートと解答用紙のシートには、同じ解答欄の枠を印刷します。

シートごとに**解答欄の印刷の位置がずれて**しまうと、ソフトの表示もずれで表示されてしまいます。

対策 枚数を分けて印刷し、**解答欄の印刷の位置のずれが無い事**を確認してください。

何センチの所に印刷しているか、基準を決めてから印刷してください。

採点タイプ一覧表

0	通常採点（マーク問題）	9	全員正解
1	順不同全一致	10	解答者全員正解
2	順不同部分一致	11	スキップ
3	連続一致		
4	順不同部分一致 正解数に応じて	13	マーク一致 OR
		14	空欄正解
5	連続一致 OR		
6	複数マーク択一	16	通常採点（記述問題）
7	複数マーク全一致	17	加点方式
8	複数マーク部分一致	18	減点方式

P79-80で設定した採点タイプの一覧表になります。

正解配点登録ファイルの採点タイプに左図の採点タイプの数字を入力してください。

いますぐできる! 教育現場が変わる!?

スキャネットの効率的な採点手法

2020年4月30日 第1版第1刷発行

著　者　スキャネット株式会社　小池隆善

発行者　花岡萬之

発行所　学事出版株式会社

〒101-0021 東京都千代田区外神田2-2-3 電話 03-3255-5471

HPアドレス http://www.gakuji.co.jp

編集担当　木村　拓

編集協力　株式会社VAインターナショナル

装　　丁　精文堂印刷デザイン室／内炭篤詞

印刷・製本　精文堂印刷株式会社

落丁・乱丁本はお取り替えします。　ISBN978-4-7619-2637-3 C3037